UKRAÏNISCHE WEIHNACHT

Von Nadijka Herbisch und Jaroslaw Hryzak

Aus dem Englischen von
Stephan Pauli

HarperCollins

Die Originalausgabe erschien 2022 unter dem Titel
A Ukrainian Christmas bei Sphere, London.
Es handelt sich um die von Marta Gosovska und Anastasiya Fehér
ins Englische übertragene und gekürzte Ausgabe des 2020
bei Portal Books, Kijw, erschienenen Titels *Велика різдвяна книжка*
(Das große Weihnachtsbuch).

1. Auflage 2023

Deutsche Erstausgabe

Einbandgestaltung und -illustration von Olena Staranchuk, Oleg Gryshchenko
Gesetzt aus der Filosofia
von GGP Media GmbH, Pößneck
Druck und Bindung von PNB Print Ltd., Riga
Printed in Latvia
ISBN 978-3-365-00457-9
www.harpercollins.de

In Erinnerung an Artem Dymyd (1995–2022)
und andere Kinder Rahels, die von einem
Herodes unserer Tage ermordet wurden.

INHALT

4
15
9
21
18
14
3
17
5
1
6
8
12
10
m.c
7
23
13
19
20

VORWORT

Das Buch, das Sie hier in Ihren Händen halten, erschien erstmals im Jahr vor Beginn des groß angelegten Krieges zwischen Russland und der Ukraine. Dieser Krieg wurde auf vielerlei Weise umschrieben, wir möchten ihn in folgende Worte kleiden: Das Land, in dem Weihnachten zu den wichtigsten Feiertagen des Jahres zählt und in Anerkennung seines östlichen wie westlichen Erbes zweimal gefeiert wird, wurde von dem Land angegriffen, in dem Weihnachten jegliche Bedeutung verloren hat.

Die große Popularität der ukrainischen Weihnacht zeigt sich in der Tatsache, dass sich ukrainische Kinder auf den Nikolaustag wie auf kaum einen anderen Feiertag freuen, sowie in dem ukrainischen Weihnachtslied »Schtschedryk«, das im angelsächsischen Raum als »Carol of the Bells« (dt. »Lied der Glocken«) Berühmtheit erlangt hat und heute zu den Juwelen der Weltkultur zählt.

Die Ukraine ist ein Land, in dem die Tradition, von Haus zu Haus ziehend Weihnachtslieder zu singen und die sogenannten *Wertep*-Krippenspiele, bis heute lebendig sind. Im Osten des Landes, ziemlich genau entlang der russisch-ukrainischen Grenzlinie, verlaufen auch die Grenzen dieser Brauchtümer (*siehe* Weihnachtslieder und -gesänge, S. 45. Dies soll nicht heißen, dass in Russland an den Festtagen nicht gesungen wird, doch handelt es sich bei den sogenannten russischen Weihnachtsliedern entweder um neuere Werke aus dem

19. Jahrhundert oder um alte Lieder, die Russland aus der Ukraine entlehnt hat. Man findet in Russland auch keine Gesangsgruppen, die Heiligabend durch die Dörfer und Städte ziehen, wie Nikolai Gogol sie in seinem berühmten Erzählband *Abende auf dem Weiler bei Dikanka* beschreibt oder wie man sie bis heute im westukrainischen Lwiw ebenso sieht wie in der Hauptstadt Kyjiw und im ostukrainischen Charkiw. Mit den *Wertep*-Aufführungen verhält es sich genauso. Wo auch immer ihre Spuren in der russischen Kultur sichtbar werden, lassen sie sich auf ukrainische oder belarussische Bauern zurückführen, die sie ins Land brachten, nachdem sie noch vor dem Ersten Weltkrieg auf der Suche nach Ackerland nach Sibirien oder in fernöstliche Regionen Russlands geflohen waren, um ihre Familien zu ernähren (*siehe* »*Wertep*: Die Krippe«, Seite 67).

Hierfür gibt es einen einfachen Grund: Sowohl Weihnachtslieder als auch Krippen gehören zur westlichen christlichen Kultur, die im Mittelalter auf Geheiß der katholischen Kirche entstanden, das Evangelium auch jenen Gemeindemitgliedern nahezubringen, die nicht lesen konnten. Die ukrainischen Gebiete sind das Grenzland des Christentums: Die Ukraine ist der Westen des östlichen Christentums und der Osten des westlichen Christentums. Bis zu Beginn des Ersten Weltkriegs kam in der gesamten Ukraine die christliche Kultur des Westens täglich mit jener des Ostens in Berührung, in der Westukraine änderte sich daran bis zum Zweiten Weltkrieg nichts.

Dieses Aufeinandertreffen der Kulturen war von zum Teil äußerst blutigen Konflikten gekennzeichnet, so etwa die polnisch-ukrainischen Kriege des 18. oder 20. Jahrhunderts. Andererseits führte es zu einem regen kulturellen Austausch und einer gegenseitigen Befruchtung. Die Geschichte des ukrainischen Weihnachtsliedes »Ne platsch,

Rachyle« (»Weine nicht, Rahel«) ist in dieser Hinsicht ein besonders eindrückliches Beispiel. Seine Melodie ist eine Variation aus der ursprünglichen portugiesisch-spanischen Tanzmusik, der sogenannten Folia, und geht auf das musikalische Arrangement des italienischen Komponisten Arcangelo Corelli (1653–1713) zurück. Der am weitesten entfernte Ort, an dem Folkloristen Aufzeichnungen des Liedes nachweisen konnten, war die Stadt Irkutsk am Abfluss des Baikalsees, in die es gewaltsam umgesiedelte Ukrainer überliefert haben. Der Liedtext erzählt auf seine Weise die moderne Geschichte des Russisch-Ukrainischen Krieges: Ukrainische Kinder sterben aufgrund ihrer »Liebe zur Ukraine – es ist alles ihre Schuld, alles ihre Schuld«.

In vielen ukrainischen Weihnachtsliedern schwingt eine ausgesprochen traurige Note mit. Selbst das traditionelle Weihnachtsfasten wird, anders als der Advent, in Abstinenz, Gebet und Kontemplation verbracht (*siehe* »Feiern und Fasten«, Seite 29). Genauso drehen sich

kulinarische Traditionen der Ukraine zu Weihnachten um das Andenken verstorbener Familienmitglieder, die Dankbarkeit, am Leben und als Familie zusammen zu sein, und die Hoffnung auf reiche Ernte im kommenden Jahr. Um als Agrargesellschaft zu überleben, waren die Ukrainer schon immer von der Ernte ihrer Getreidefelder abhängig.

Nach dem Holodomor in der Ukraine – jener Reihe unter Verantwortung der Sowjetführung gezielt herbeigeführter Hungersnöte in den Jahren 1932 und 1933 – hat sich die Heiligkeit des täglichen Brotes tief in die ukrainische Geschichte und die alltäglichen Bräuche des Landes eingeprägt. Der von den Älteren eingeforderte Brauch, jeden zu Boden gefallenen Laib Brot aufzuheben und respektvoll zu küssen, hat in den letzten Jahren zwar seine Verbindlichkeit verloren, könnte jedoch nach der russischen Besetzung von Butscha und Mariupol im März 2022, in der die Menschen die Leichen verhungerter Mütter und Kinder in den eigenen Gärten vergraben mussten, eine Wiederentdeckung erfahren. So besinnt man sich auf die Gepflogenheiten vergangener Tage, um die Erinnerung an die Märtyrer von heute zu ehren und zu bewahren. Und sobald die Minenfelder in den befreiten Gebieten allmählich wieder in Ackerflächen verwandelt werden, auf denen Weizen angebaut wird, könnte auch eine andere alte Tradition wiederaufleben, wonach man den nächsten Verwandten und Freunden zu Weihnachten eine Mahlzeit vorbeibringt. Die wichtigsten Gerichte der ukrainischen Weihnacht sind *Kutja* und *Uswar* (*siehe* Seite 37–41). *Kutja* symbolisiert den Tod und *Uswar* die Geburt und das Leben.

Denn dies ist die wesentliche Botschaft von Weihnachten und Christentum: Der Tod hat nicht das letzte Wort – das Leben währt ewig.

Lange vor der Eskalation im Jahr 2022 entfachte in der Ukraine eine hitzige Diskussion darüber, wer an Weihnachten und Neujahr den

Kindern die Geschenke bringen solle: Sankt Nikolaus oder das aus russischer Tradition stammende Väterchen Frost. Viele Ukrainer versuchten in ihrem angeborenen Pragmatismus, beide miteinander zu versöhnen, indem sie doppelt Weihnachten feierten und ukrainische Kinder zweimal Geschenke erhielten (*siehe* »Sankt Nikolaus und Väterchen Frost«, Seite 89) Russischen Kindern jedoch blieb diese Freude versagt, nicht weil sie oder ihre Eltern etwas dagegen gehabt hätten, sondern aufgrund einer Laune des Sowjetregimes. Zeitweise sagte dieses nicht nur das Weihnachtsfest ab, sondern verbot selbst die Feierlichkeiten zum Neujahr. Stattdessen wurden bereits Vorschulkinder auf Demonstrationen gezerrt, die sich gegen die Neujahrsfeste ihrer eigenen Eltern richteten (*siehe* »Weihnachtsverbot«, S. 103).

Das Weihnachtsverbot in der UdSSR, das bis zum Ende der Sowjetunion im Jahr 1991 galt, hatte verblüffende Ähnlichkeit mit den Maßnahmen gegen christliche Traditionen, die in Deutschland unter Hitler beschlossen wurden, und sollte es in der sowjetischen Geschichte doch einen Augenblick gegeben haben, an dem Weihnachtslieder frei und unzensiert auf Konzertbühnen zum Besten gegeben wurden, dann lag dies an einem Ukrainer, Iwan Koslowski – der angeblich Stalins Lieblingssänger war.

Die Weihnachtstraditionen der Ukraine, ihre Musik und Kultur, werden tief von der Geschichte des Landes geprägt, die von Sorge, Mut und Widerstand erzählt und in vielen Teilen an die allererste Weihnacht erinnert. Damals war Judäa von Rom besetzt und Herodes, der Scherge des Kaisers, war ein Terrorist und Massenmörder, der unschuldige Kinder verfolgen ließ, nur um seine Macht zu sichern. Das Jesuskind, Maria und Josef mussten mitten in der Nacht nach Ägypten fliehen und dort mehrere Jahre als Geflüchtete leben. Wie C.S. Lewis einmal schrieb, ist unsere Welt vom Feind besetztes Gebiet und Weihnachten die Geschichte vom rechtmäßigen König, der als Kind verkleidet zu uns kam und uns einlud, einer großen Sabotageaktion beizuwohnen.

Der Krieg zwischen der Ukraine und Russland ist auch ein Krieg um die Freiheit der Weihnachtskultur. Das Christfest kann, insbesondere zu Kriegszeiten, das Unmögliche möglich machen. Die Feinde auf beiden Frontlinien können sich für eine kurze Zeit aussöhnen, und mögen die historischen Beispiele hierfür auch selten sein, gibt uns doch allein die Tatsache, dass diese militärischen Schlichtungen zu Weihnachten existierten, ein wenig Hoffnung und rückt den Frieden wieder in den Bereich des Möglichen (*siehe* »Weihnachtsfrieden«, S. 115). Sie schenken uns die Zuversicht, dass ein kurzfristiger Waffenstillstand nach dem Krieg einen bleibenden Eindruck hinterlassen könnte, doch nur, wenn die Herodes unserer Tage – Hitler, Stalin, Putin – ein für alle Mal verschwinden. Weihnachten ist eine Zeit, die uns daran erinnert, dass Gerechtigkeit und Liebe obsiegen werden, selbst wenn es scheint, dass beides allmählich verkümmert. Es garantiert die Unzerstörbarkeit der Hoffnung in Zeiten größter Hoffnungslosigkeit. Denn solange wir Weihnachten feiern, können wir weder besiegt noch zerstört werden. Diese Botschaft versucht die Ukraine der Welt mitzuteilen, und davon handelt unser Buch.

WANN IST WEIHNACHTEN?

Da das Land sowohl der westlichen als auch der östlichen Tradition folgt, wird Weihnachten in der Ukraine zweimal gefeiert: am 25. Dezember und am 7. Januar. Über Jahre wurde immer wieder darüber diskutiert, an welchem der beiden Tage das Fest begangen werden solle. Doch angesichts des Reichtums und der Vielfalt des kulturellen Erbes in der Ukraine einigte man sich 2017 darauf, Weihnachten zweimal im Jahr zu feiern – und damit die Traditionen des westlichen und östlichen Christentums miteinander zu versöhnen.

Zwei der Evangelisten – Lukas und Matthäus – berichten von Christi Geburt, doch keiner verrät uns etwas über den genauen Zeitpunkt. Der Erste, der Jesu Geburtsjahr zu ermitteln versuchte, war der Mönch Dionysius Exiguus (Dionysius der Geringe). Von ihm stammt die Idee, ein Kalendersystem einzuführen, das mit der Geburt Christi beginnen sollte. Er glaubte, Jesus sei im einunddreißigsten Jahr der Herrschaft des römischen Kaisers Augustus geboren, da in diesem Jahr die Volkszählung durchgeführt wurde. Allerdings ist es wahrscheinlich, dass er sich geirrt hat, da uns das Neue Testament mitteilt, Jesus sei während der Herrschaft des Königs Herodes geboren worden, wir aber wissen, dass dieser bereits im Jahr 4 v. Chr. gestorben ist. Deshalb geht die

Wissenschaft heute davon aus, dass Jesus zwischen 6 und 2 v. Chr. geboren sein müsse.

Ebenso große Unsicherheit herrscht über Tag und Monat seiner Geburt. Die frühen Christen des 2. bis 4. Jahrhunderts nannten unterschiedliche Geburtstage: 25. oder 28. März; 9. oder 31. April; 21.Mai; 17. oder 28. November; 25. oder 28. Dezember. Der 25. Dezember wurde vom heiligen Cyprian, dem Bischof von Karthago (geboren 258) als Geburtstag Jesu berechnet, und dieses Datum setzte sich im Laufe der Zeit auch durch.

Interessanterweise wurde Weihnachten bis ins 3. Jahrhundert gar nicht begangen. Stattdessen feierten die ersten Christen lediglich die Wiederauferstehung Jesu Christi an Ostern. Sie glaubten, dies allein sei das Schlüsselereignis, das der gesamten christlichen Erzählung ihre Bedeutung verleihe.

Diese Frühchristen erachteten Geburtstage als gänzlich heidnische Feiertage. Einer der ersten Kirchenväter, Origen (185–253/4) verwies auf die Worte des Propheten Jeremias: »Verflucht sei der Tag, darin ich geboren bin; der Tag müsse ungesegnet sein, darin mich meine Mutter geboren hat!« (Jeremias 20:14). Origen ermahnte die Christen, dass kein Heiliger je seinen Geburtstag feiere. Mehr noch, er behauptete, dass sie den Tag verfluchten, an dem sie geboren worden waren.

Noch ein weiterer Faktor trug wesentlich dazu bei, dass Ostern im frühchristlichen Kalender Vorrang genoss: Im Römischen Reich galten Christen als Staatsfeinde. Sie wurden gezielt verfolgt und mussten Folter und Martyrium erdulden. Unter diesen Umständen war es nur natürlich, dass sie ihr Hauptaugenmerk auf den Tod und die Auferstehung Christi richteten. Sie glaubten, dass sowohl der Heiligen als auch der Märtyrer an ihrem Todestag gedacht werden solle – dem wahren

Geburtstag ihres ewigen Lebens. Darüber hinaus erwarteten sie die Wiederkunft des Messias noch zu ihren Lebzeiten.

All dies änderte sich, als Konstantin, der im Jahr 306 als einer von vier römischen Kaisern an die Macht gekommen war, gegen seinen Rivalen Maxentius in die Schlacht zog. Die Schlacht fand 312 vor den Toren Roms statt, nahe der Milvischen Brücke über den Tiber. Konstantins Chancen auf einen siegreichen Verlauf standen schlecht: Seine Armee war vom langen Marsch aus Gallien geschwächt, und viele schickten sich an, sich zu ergeben. Doch in dieser Nacht hatte Konstantin einen Traum. Er sah am Himmel das Zeichen des Kreuzes und hörte die Worte: »In diesem Zeichen wirst du siegen.« Am nächsten Morgen befahl er seinen Soldaten, Kreuze auf ihre Schilder zu malen, und am Ende des Tages hatte er die Schlacht für sich entschieden.

Es gibt einige unterschiedliche Versionen dieser Geschichte. Doch alle stimmen darin überein, dass die Bekehrung Konstantins zum Christentum mit dem Sieg in der Schlacht an der Milvischen Brücke im Jahr 312 ihren Anfang nahm. Zunächst hob er das Verbot des christlichen Glaubens auf, und bald schon wurde das Christentum zur offiziellen Religion des Römischen Reichs. Es überrascht nicht, dass der erste schriftliche Hinweis auf das Weihnachtsfest aus der Regierungszeit Konstantins stammt. Er findet sich im römischen Chronograph von 354 und nennt 336 als das Jahr, in dem erstmals Weihnachten gefeiert wurde.

In Konstantins Herrschaftszeit fällt ein weiteres Ereignis, das weltweite Bedeutung erlangen sollte. Er verlegte seine Hauptstadt von Rom – das dauerhaft von Barbaren bedroht wurde – nach Byzanz, eine griechische Kolonie am Schwarzen Meer. Hier errichtete er eine neue Stadt, Konstantinopel, die durch Gebirge und Meer von allen Seiten gut geschützt lag und die Hauptstadt eines neuen Imperiums bildete, das schließlich als Byzantinisches Reich bekannt wurde – das Territorium, auf dem jedes Jahr offiziell Weihnachten begangen wurde.

Im Jahr 476 fiel Rom nach heftigen Angriffen der »Barbaren« endgültig, und auf die Länder des ehemaligen Römischen Reichs wartete das dunkle Zeitalter (550–800), eine Ära andauernder Kriege und des Niedergangs.

Alle ostchristlichen Kirchen mit Ausnahme der armenischen akzeptierten den 25. Dezember als Weihnachtstag. Im Gegensatz dazu feierten Christen in Ägypten Weihnachten am 6. Januar – an jenem Tag, an dem die drei Weisen aus dem Morgenland Christus, die Jungfrau Maria und Josef besuchten und mit Geschenken beehrten. Dieses Datum wurde außerdem mit der Taufe von Jesus in Verbindung gebracht, die in den meisten westlichen Kirchen als Epiphanie bezeichnet wird.

So kam es zu dem Umstand, dass die östlichen und westlichen Kirchen Weihnachten an unterschiedlichen Tagen feierten. Daher einigte man sich während des Konzils von Tours im Jahr 657 auf den konstruktiven Kompromiss, wonach Weihnachten zwölf Tage gefeiert werden solle, vom 25. Dezember bis zum 6. Januar. Infolgedessen führten unterschiedliche Kulturkreise innerhalb weniger Jahrhunderte weitere Feiern am Dreikönigstag ein. In Großbritannien entwickelte sich etwa die »Zwölfte Nacht« zu einem Abend ausschweifender Fröhlichkeit (auf die Shakespeares Stück *Twelfth Night* – der deutsche Titel lautet *Was ihr wollt* – anspielt). In den östlichen orthodoxen Ländern und insbesondere in der Ukraine kennt man diesen Tag als *Druhyj Wetschir* (Zweite Nacht).

Das Christentum kam im 7. Jahrhundert nach England und im 8. Jahrhundert nach Deutschland, konnte sich jedoch in den frühen Jahren des Mittelalters in beiden Ländern nicht überall oder langfristig durchsetzen. Christliche Missionare starben weiterhin durch die Hände von Heiden. Dieses Schicksal ereilte etwa den heiligen Bonifatius, der das Christentum und das Symbol des Weihnachtsbaums nach Deutschland brachte. Es war auch das Schicksal eines weiteren großen Märtyrers, Wazlaw, auf den das englische Weihnachtslied vom »Good King Wenceslas«, dem »Guten König Wenzelslas« von Böhmen (die heutige Tschechische Republik) zurückgeht.

Die Krönung des Frankenkönigs Karls des Großen zum Kaiser des neuen Heiligen Römischen Reichs erwies sich als Wendepunkt. Sie fand am Weihnachtstag des Jahres 800 in Rom statt, und Karl nahm die Kaiserkrone aus den Händen des Papstes an. Seither war Weihnachten in den Ländern, die diesem riesigen Reich angehörten – im heutigen Frankreich, Deutschland und Norditalien –, ein offizieller Feiertag. Mit der Christianisierung Mährens (863), Bulgariens (864), Polens (966), der Rus (988), Ungarns (1000), Schwedens (1100), Norwegens (1154) und Litauens (1387) gelangte Weihnachten schließlich auch nach Ost- und Nordeuropa.

In seiner Frühphase wurde das christliche Weihnachten fast überall von bereits existierenden heidnischen Traditionen überlagert. Doch versuchte die Kirche nicht etwa, diese Traditionen zu unterdrücken oder gänzlich auszulöschen, sondern machte sie sich auf kluge Weise zunutze und passte sie ihren eigenen Bedürfnissen an. Papst Gregor der Große bewilligte diese Vorgehensweise von offizieller Seite. Er empfahl etwa, nicht die heidnischen Tempel, sondern nur deren Götzenbilder zu zerstören und diese durch christliche Symbole zu ersetzen.

So, schrieb er, habe Gott mit dem jüdischen Volk in Ägypten verfahren und so sei auch der Apostel Paul in Griechenland vorgegangen.

Es überrascht wohl kaum, dass der Weihnachtstag, der 25. Dezember, auf einen der kürzesten Tage des Jahres fällt. Um diese schwierige und düstere Jahreszeit mit ein wenig lebensbejahendem Licht aufzuhellen, pflegten die nicht christlichen Völker Mittwinterfeiertage oder -feste abzuhalten. Das bekannteste war in Nordeuropa das Julfest (von Mitte November bis Anfang Januar) und in Rom die Saturnalien (17.–24. Dezember) und die *Kalenden* (am 1. Januar als Anfang des neuen Jahres; von hierher stammen die Wörter »Kalender« und »*Koljadky*«, wie die Weihnachtslieder in Osteuropa genannt werden). Und so standen inmitten des düsteren und kalten Winters, wenn der Boden zufror und die Menschen an Mangelernährung und unzähligen Krankheiten litten, zumindest einige Tage der Freude bevor.

Es waren ausgelassene Feste, an denen die Arbeit ruhte und die Tische sich unter dem Gewicht der besten Speisen bogen. Die Menschen schmückten ihre Häuser mit Zweigen und Kerzen, besuchten einander, beschenkten sich gegenseitig, organisierten Festzüge und gaben sich auf jede erdenkliche Weise der Lustbarkeit hin. Eine ähnliche Tradition existierte auch unter den »barbarischen« Völkern nördlich des Römischen Reichs, die sich am Sonnenkalender orientierten und daher Feiern zu den Sommer- wie Wintersonnwenden veranstalteten.

Im alten Ägypten fiel ein entsprechendes Fest auf den 6. Januar. Es beendete die obligatorischen vierzig Fastentage, die den Tod von Osiris markierten. Man glaubte, dass sich am vierzigsten Tag, an dem Osiris von den Toten aufstünde, die Wasser des Nils in Wein verwandelten. Ein Bad im Fluss bedeutete dann das Ende der Fastenzeit.

Christen übernahmen von Nichtchristen nicht nur bewusst bestimmte Festtraditionen, sondern auch die Zeiten, zu denen sie gefeiert wurden, was es den Ungetauften erleichterte, ihnen eine religiöse Bedeutung zuzuschreiben und Freude über die Geburt Christi zu empfinden. Antike Theologen glaubten, dass Gott die Welt zu Beginn des Frühlings, am 25. März geschaffen habe. Dementsprechend nahmen sie an, dass sein Sohn Jesus Christus am selben Tag gezeugt worden sei – und das Ende einer neunmonatigen Schwangerschaft fällt auf den 25. Dezember.

Gegen Ende des 16. Jahrhunderts kam es nach Einführung eines neuen Kalenders in der Terminfrage zu einer neuen Spaltung zwischen den Christen im Osten und Westen. Der alte julianische Kalender hinkte dem Sonnenzyklus hinterher, weil das astronomische Jahr nicht genau 365 Tage lang ist – sondern 365 Tage, 5 Stunden, 48 Minuten und 6 Sekunden. Und obwohl alle vier Jahre ein Schaltjahr eingefügt wurde, ging die Synchronizität zwischen julianischem Kalender und Tagundnachtgleiche allmählich verloren – Letztere ist jedoch entscheidend, will man Ostern korrekt berechnen. Deshalb beschloss Papst Gregor XIII., zehn Tage auszulassen, um den Kalender wieder mit der Tagundnachtgleiche in Einklang zu bringen.

Die orthodoxen Kirchen akzeptierten diese Reformen nicht und hielten am julianischen Kalender fest. Was für die westlichen Christen nun Ende Dezember war, fiel für die Christen im Osten auf den Januar. Die Kluft wuchs mit jedem Jahrhundert, sie beträgt mittlerweile dreizehn Tage. Deshalb erstreckt sich Weihnachten in der Ukraine vom 7. bis zum 18. Januar (im Jahr 2017 erkannte die Ukraine den 25. Dezember neben dem traditionellen orthodoxen Weihnachtstag am 7. Januar als offiziellen Feiertag an). Heute sind die Ukraine, Belarus,

Eritrea, Libanon und Moldawien die weltweit einzigen Länder, in denen Weihnachten nicht einmal, sondern zweimal im Jahr gefeiert wird.

Die ukrainischen Traditionen spiegeln die synkretistische Natur von Weihnachten wider. Weihnachten entstand als Festtag in der Mittelmehrregion und gelangte über die Länder sowohl des West- als auch Oströmischen (Byzantinischen) Reichs in die »barbarischen« Länder Nordeuropas. Mit dem Aufstieg Europas und seiner Verwandlung in eine Weltmacht im 16. Jahrhundert hat Weihnachten allmählich die gesamte Erde erobert, lokale Traditionen absorbiert und diese in andere Weltgegenden weiter exportiert. Über die Jahrhunderte hat das Christfest sich immer wieder neu erfunden, bis es schließlich zu einem wahrhaft globalen Feiertag wurde, dem wohl bekanntesten der Welt.

FEIERN UND FASTEN

An den vier Sonntagen vor Weihnachten feiern die Kirchen der westlichen Tradition Advent. Es ist eine Zeit des Nachdenkens und der Vorbereitung auf die Feier der Geburt Christi. Im Gegensatz dazu halten die ukrainische orthodoxe und die griechisch-katholische Kirche Advent nicht ein, sondern begehen die *Pylypiwka* oder Philippus-Fastenzeit, die am Tag nach dem Gedenktag des Apostels Philippus beginnt.

Das Weihnachtsfasten ist im ostkirchlichen Kalender eine der vier wichtigsten Fastenzeiten. Wie der Advent ist es eine Zeit der Vorbereitung, in der Christen auf Nahrungsmittel und Vergnügungen verzichten und ihre Herzen durch Buße und Gebet für Weihnachten öffnen. Die Ursprünge des Weihnachtsfastens reichen bis ins 4. Jahrhundert zurück, und es wurde zunächst nur über sieben Tage eingehalten. Doch auf dem Konzil von 1166 unter dem Vorsitz des Patriarchen von Konstantinopel Lukas und des byzantinischen Kaisers Manuel wurde beschlossen, die Fastenzeit auf die vierzig Tage vor Weihnachten auszudehnen.

Die Zahl 40 erscheint in der Bibel wiederholt als Symbol für Prüfungen und Entbehrungen. So wanderten etwa Moses und die Israeliten vierzig Jahre durch die Wüste, Jesus fastete vierzig Tage in der Wüste, und nach seiner Auferstehung erschien er seinen Jüngern vierzig Tage lang bis zu seiner Himmelfahrt.

Deshalb beginnt das Weihnachtsfasten in der Ukraine bis heute dem gregorianischen Kalender zufolge am 28. November und dauert bis zum 6. Januar (oder nach julianischem Kalender vom 15. November bis 24. Dezember). In dieser Zeit halten sich christliche Gläubige an eine Form der veganen Ernährung: Tierische Produkte sind verboten (wenngleich an gewissen Tagen Fisch erlaubt ist), und die Mahlzeiten bestehen hauptsächlich aus Gemüse, Getreidebrei, Bohnen und Pilzen. Außerdem ist es untersagt, miteinander zu tanzen, zu singen oder Feste einschließlich Hochzeiten auszurichten. Tatsächlich ist der einzige erlaubte Ritus während des Weihnachtsfastens die Taufe.

Es ist die Zeit, das eigene Herz neu auszurichten, eine Zeit, in der Vergnügungen stillen Gebeten und aufrichtiger Vergebung und laute Gesänge einfühlsamen Gesprächen weichen. Jetzt ist die Gelegenheit, sich vor dem Lärm und den Ablenkungen der Umwelt zu schützen, die Aufmerksamkeit auf die wichtigen Dinge im Leben zu richten und Kraft und Erholung aus der Vorfreude auf Weihnachten zu schöpfen.

Am letzten Tag des Weihnachtsfastens, dem 6. Januar, ist es Brauch, an die Entbehrungen zu erinnern, die Maria und Josef auf ihrem Weg nach Bethlehem auf sich nehmen mussten: Die Erwachsenen essen nichts, bis endlich der erste Stern am Himmel erscheint. Liegt Schnee, fahren die Kinder, denen nur ein kleiner Imbiss erlaubt ist, Schlitten, bis sie den Abendstern erblicken. Dann eilen sie mit vor Kälte und

Aufregung roten Wangen nach Hause, voller Vorfreude auf den Weihnachtsabend.

Allgemein spielt das Essen in der Bibel eine wichtige Rolle. In den eindrucksvollsten Geschichten des Neuen Testaments sind Speisen ein Symbol der Gemeinschaft, der Fürsorge und sogar der Wunder: Jesus gibt den Fünftausend Brot; Jesus teilt das letzte Abendmahl mit seinen Jüngern; nach seiner Auferstehung bereitet Jesus den erschöpften Jüngern am Ufer des Sees Tiberias eine Mahlzeit.

Das Essen am ukrainischen Weihnachtsabend wird als Heiliges Abendmahl bezeichnet und symbolisiert Gemeinschaft und gegenseitige Fürsorge. Die ganze Familie versammelt sich um einen Tisch, wobei die Speisen nicht in einzelnen Portionen serviert, sondern in bemalten Tonschüsseln in die Mitte des Tisches gestellt und freundlich herumgereicht werden.

Weil es sich um den letzten Tag des Weihnachtsfastens handelt, werden auch am Weihnachtsabend noch alle Gerichte ohne Milchprodukte und Fleisch zubereitet. Auf dem Tisch sollten zwölf Gerichte stehen. Auch diese Zahl hat symbolischen Charakter: Sie steht für die zwölf Monate des Jahres, die zwölf Stämme Israels und die zwölf Apostel.

Es gibt zwar keine verbindliche Speiseliste, doch sollten *Kutja* (*siehe* Seite 37), *Uswar* (*siehe* Seite 39) sowie Gebäck auf dem Tisch stehen. Zu den Gerichten, die für diesen Abend traditionell zubereitet werden, gehören auch *Borschtsch* mit Klößchen (*siehe* Seite 40), Pilzsuppe (aus Steinpilzen, *siehe* Seite 42), mit Kartoffeln oder gedünstetem Kohl gefüllte *Wareniki* (halbmondförmige Klößchen), *Holubzi* (Kohlrouladen), eingelegte Heringe, gebratener Karpfen, Bohneneintopf, *Pampuschki* (Brötchen) *Tuschkowana kapusta* (gedünsteter Kohl mit Pilzen) und Fischsülze.

Die Sitten und Gebräuche des ukrainischen Weihnachtsabends haben viele verschiedene Wurzeln. Einige gehen auf die heidnischen Bräuche der Landbevölkerung zurück, andere gründen auf christlichen Ritualen. Auf der mit bestickter Tischdecke bedeckten Tafel wird immer ein Teller mehr stehen, als es Menschen im Haus gibt. Diese Tradition soll an verstorbene Verwandte erinnern, sie gilt aber auch als Einladung an einsame Fremde, die auf der Suche nach Schutz und Gemeinschaft am Haus vorbeikommen könnten. Der Fußboden ist mit Heu ausgelegt und erinnert an die bescheidenen Bedingungen, unter denen Jesus geboren wurde.

Für jedes noch so traditionelle Gericht gibt es eine Fülle unterschiedlicher Rezepte, schließlich ist die Ukraine mit einer Fläche von rund sechshunderttausend Quadratkilometern ein wunderbarer Flickenteppich mannigfaltiger Kulturen. Die traditionelle *Kutja* wird mit Weizen gekocht, doch in einigen östlichen Regionen wird auch Reis verwendet. Die ukrainische Schriftstellerin Ljuba Jakymtschuk, die aus der Region Luhansk stammt, sagt, in ihrer Familie sei *Kutja* aus rundem, krümeligem Reis hergestellt worden. Ihre Eltern verfeinerten sie immer mit Mohnsamen, Rosinen und Honig. Heute steht ihr Haus unter russischer Besatzung.

»GEBET« VON LJUBA JAKYMTSCHUK

Vater unser, der du bist im Himmel
Des Vollmonds
Und der heiligen Sonne
Bewahre von den Toten meine Eltern
Deren Haus in der Schusslinie steht
Und die es nicht verlassen werden
Wie eine Gruft
Unser tägliches Brot gib den Hungrigen
Und gib, dass sie aufhören einander zu verschlingen
Und vergib uns unsere zerstörten Städte
Auch wenn wir unseren Feinden dafür nicht vergeben
Bewahre und beschütze
Meinen Ehemann, meine Eltern
Mein Kind und mein Heimatland

Dieses Gedicht aus ihrem Buch *Abrykosy Donbasu* (Aprikosen des Donbas) las Ljuba Jakymtschuk bei der Verleihung der 64 Grammy Awards am 3. April 2022, während der US-amerikanische Popstar John Legend im Hintergrund zusammen mit der ukrainischen Sängerin Mika Newton seinen Song »Free« vortrug. Ljuba sagt, sie koche mittlerweile Weizen-*Kutja* und feiere damit die kulturelle Vielfalt der Ukraine, doch ihre Mutter bevorzugt weiterhin die Reis-Variante.

Bei allen Unterschieden sind ukrainische Gerichte, insbesondere am Weihnachtsabend, pflanzlichen Ursprungs. Sie werden mit Vollkornmehl selbst hergestellt, sind tief in der Geschichte des Landes verwurzelt und haben üblicherweise ein oder zwei symbolische Bedeutungen.

Übrigens ist es den unverheirateten Mädchen einer Familie verboten, den *Makohin* (Holzstößel) abzulecken, mit dem die Mohnsamen in der *Makitra* (eine große, meist handgefertigte Rührschüssel aus Ton) zerstoßen wird. Einem Aberglauben nach bekommen die zukünftigen Ehemänner der Mädchen, die den Mohn vom *Makohin* lecken, später eine Glatze. Den meisten Mädchen ist das jedoch egal!

Es folgen die Rezepte für zwei verschiedene *Kutja*-Variationen: Das eine verwendet Weizen, das andere Reis, wobei Ersteres aus der West- und Letzteres aus der Ostukraine stammt – dazu *Uswar*, eine Art Kompott zum Trinken, sowie ukrainischen Gemüseborschtsch mit Pilzen und eine karpatische Pilzsuppe. Jedes der Rezepte wurde als Teil des heiligen, aus zwölf Speisen bestehenden Abendmahls am Weihnachtsabend konzipiert. *Smatschnoho* (Guten Appetit)!

TRADITIONELLE WEIZEN-KUTJA (WEIHNACHTSPUDDING AUS WEIZENKÖRNERN)

ZUTATEN:
200 g Weizenkörner*
600 ml Wasser
100 g Rosinen
100 g Mohnsamen
100 g gehackte Nüsse (z. B. Mandeln oder Walnüsse)
2–3 EL Honig

* Weizenkörner findet man in Bio- oder Asia-Supermärkten. Als Alternative kann man Perlgraupen verwenden.

ZUBEREITUNG:

1. Die Weizenkörner abspülen und mindestens 4 Stunden oder über Nacht einweichen.
2. Die eingeweichten Körner abgießen, mit dem abgemessenen Wasser bedecken und bei niedriger Hitze 2–3 Stunden köcheln lassen, bis sie gar sind. Der Weizen sollte weich, aber nicht überkocht sein. Mit etwas kochend heißem Wasser übergießen, sobald der Weizen zu trocken erscheint.
3. Die Rosinen in warmes Wasser geben und eine halbe Stunde einweichen.
4. Währenddessen die Mohnsamen mit dem *Makohin* oder mit Mörser und Stößel mahlen und die Nüsse klein hacken.
5. Weizenkörner, Mohn, Rosinen und Nüsse in eine *Makitra* oder Auflaufform geben, mit Honig abschmecken und alles vermengen.
6. Vor dem Servieren abkühlen lassen.

TRADITIONELLE REIS-KUTJA

ZUTATEN:
100 g Mohnsamen
50 g Rosinen
50 g Walnüsse
200 g weißer Reis*
120 g Honig
100–200 ml *Uswar* (*siehe* S. 39) oder Wasser

* Man kann jede Art weißen Reis verwenden, doch Mittel- oder Kurzkorn-Varianten sind beliebter.

ZUBEREITUNG:

1. Die Mohnsamen abspülen, mit kochendem Wasser übergießen und eine Stunde einweichen. Dann abgießen und den Mohn mit Mörser und Stößel gründlich mahlen.
2. Die Rosinen abspülen und in eine Schüssel geben. Mit kochendem Wasser übergießen, abdecken und 30 Minuten einweichen lassen.
3. Die Nüsse hacken und vorsichtig in einer Pfanne oder im Ofen anrösten.
4. Den Reis abspülen und mit Wasser übergießen. Kurz zum Kochen bringen, dann abgießen und mit kaltem Wasser erneut spülen.
5. Den Reis mit 600 ml Wasser übergießen, eine Prise Salz hinzugeben und etwa 15 Minuten köcheln lassen, bis der Reis gar ist.
6. Den Honig in *Uswar* oder Wasser auflösen.
7. Gekochten Reis, Rosinen, Nüsse und das Honiggemisch vermengen und mit Salz abschmecken. Sollte die *Kutja* zu dick sein, mit *Uswar* oder Wasser verdünnen, bis sie die richtige Konsistenz hat.

TRADITIONELLER USWAR

Dieses Getränk ist ein Symbol der Geburt und des Lebens. Es riecht wunderbar, schmeckt gut und ist gesund.

ZUTATEN:

1,5 l Wasser
je eine Handvoll getrocknete Apfel- und Birnenscheiben
1 EL getrocknete Hagebutten
je eine Handvoll Backpflaumen und Rosinen
1 EL getrocknete Cranberrys
1 EL getrocknete Erdbeeren
1 Zimtstange
2 Sternanis
3 Nelken
3 Pimentkörner
1 TL Honig

ZUBEREITUNG:

1. Das Wasser zum Kochen bringen und die getrockneten Äpfel, Birnen und Hagebutten hineingeben. 10 Minuten kochen lassen.
2. Die Backpflaumen, Rosinen, getrockneten Cranberrys und Erdbeeren hinzufügen.
3. Weitere 10 Minuten kochen lassen. Die Gewürze hinzugeben und vom Herd nehmen.
4. Abkühlen lassen und den Honig hinzugeben.
5. Den *Uswar* für 3–4 Stunden in einem geschlossenen Gefäß ziehen lassen. Am besten über Nacht ruhen lassen.

TRADITIONELLER GEMÜSEBORSCHTSCH

Am 1. Juli 2022 setzte die UNESCO den ukrainischen *Borschtsch* auf ihre Liste des bedrohten Kulturerbes. Die erste schriftliche Erwähnung eines in Kyjiw gekochten *Borschtsch* stammt aus dem Jahr 1584. Zu Sowjetzeiten wurde der Suppe Essig beigegeben, davor wurde stattdessen üblicherweise der Brottrunk *Kwas* verwendet.

ZUTATEN:
Eine Handvoll getrocknete Steinpilze
300 g frische Rote Bete
1 mittelgroße Karotte
1 Zwiebel
1 Tomate
2 EL Sonnenblumenöl
2 EL Essig
1 TL Zucker
Salz und Pfeffer
400 g Backkartoffeln
300 g Weißkohl in Streifen geschnitten
2 Lorbeerblätter
4 Knoblauchzehen fein gehackt
1 Bund Petersilie gehackt
1 Bund Dill gehackt

ZUBEREITUNG:

1. Die getrockneten Pilze in einen Kochtopf geben, mit kochendem Wasser übergießen, dann abtropfen lassen. Anschließend in warmem Wasser 30 Minuten einweichen. Ohne das Wasser auszutauschen, die Pilze kochen, bis sie weich sind.
2. Das Gemüse waschen und schälen. Die Zwiebel und Tomate würfeln, die Rote Bete und Karotten raspeln. Die Zwiebel, Karotte, Rote Bete und Tomate im Öl kurz anbraten. Den Essig, Zucker und das Salz zugeben.
3. Die Kartoffel würfeln und den Pilzen beigeben, mit Salz abschmecken. 5–10 Minuten kochen lassen, dann den Kohl hineingeben. Weitere 10 Minuten kochen lassen, dann die sautierte Gemüsemischung zufügen.
4. Den *Borschtsch* auf dem Herd lassen, bis alle Gemüsestücke weich sind. Mit schwarzem Pfeffer und den Lorbeerblättern würzen.
5. Mit fein gehacktem Knoblauch, Petersilie und Dill servieren.

KARPATISCHE PILZSUPPE

Diese traditionelle Suppe stammt aus der Bergregion der Karpaten in der Westukraine. Wie der *Borschtsch* ist sie ein veganes Gericht.

ZUTATEN:

100 g getrocknete Steinpilze
2,5 l Wasser
4 mittelgroße Kartoffeln
1 Petersilienwurzel oder Pastinake
1 Zwiebel
1 Karotte
1 EL Sonnenblumenöl
Salz und Pfeffer
2 Lorbeerblätter
3 Knoblauchzehen gehackt
1 Bund Petersilie gehackt

ZUBEREITUNG:

1. Die getrockneten Pilze in kaltem Wasser mehrere Stunden aufweichen. Gut abspülen und abgießen. Die Pilze mit 2,5 l Wasser in einen großen Kochtopf geben und etwa eine Stunde bei geringer Hitze kochen lassen.
2. Das Gemüse waschen und schälen, die Petersilienwurzel oder Pastinake würfeln. Die Kartoffeln würfeln, die Zwiebel grob hacken und die Karotte raspeln.

3. Nachdem die Pilze gar sind, die gewürfelten Kartoffel und Petersilienwurzel beigeben. Die Zwiebel und Karotten im Öl kurz anbraten und der Suppe beigeben.
4. Salz, Pfeffer und Lorbeerblätter dazugeben und weitere 7–10 Minuten kochen lassen. Die gehackten Knoblauchzehen und die Petersilie einrühren und den Topf vom Herd nehmen.
5. Wenn Sie eine cremigere Konsistenz wünschen, die Suppe pürieren und in Suppenschüsseln servieren.

WEIHNACHTSLIEDER UND -GESÄNGE

Musik hat die besondere Gabe, Stimmungen zu erzeugen und Gefühle über Raum und Zeit hinweg zu überliefern. Für Christen ist sie zudem das Sprachrohr, durch das Gott das Unsagbare zum Ausdruck bringt. Schon wenige Akkorde können uns einen flüchtigen Blick ins Paradies gewähren. Kein Wunder, dass die Hirten die Kunde vom neugeborenen Messias durch Engelsgesänge erfahren haben!

Die erste Erwähnung eines Weihnachtsliedes stammt aus dem Jahr 129, aus einer Zeit, in der Weihnachten als Festtag noch nicht existierte. In diesem Jahr verkündete der damalige Bischof von Rom, dass »in der Heiligen Nacht der Geburt unseres Herrn und Erlösers alle feierlich in den Chor der Engel einstimmen sollen«. Im 4. Jahrhundert kamen in Rom allmählich die ersten religiösen Weihnachtslieder auf. Ihre Texte waren in lateinischer Sprache verfasst und wurden deshalb vom einfachen Volk nicht verstanden.

Wann allerdings die ersten volkstümlichen Weihnachtslieder entstanden, bleibt ein Rätsel. Nicht zuletzt aufgrund ihrer verschiedenen Bezeichnungen – *Carols* im Englischen, *Julmusik* im Schwedischen und *Koljadi* in slawischen Sprachen – erscheint es plausibel, dass sie auf heidnische Lieder zurückgehen. *Carols* haben im griechischen

Choros ihren Ursprung, so hießen jene Lieder, die in einem Kreistanz aufgeführt wurden; *Julmusik* in *Yule*, dem Namen des Mittwinterfestes der germanischen Völker, und *Koljadi* wahrscheinlich in *Calendae*, der lateinischen Bezeichnung des Mittwinterfestes. Einer anderen, weniger überzeugenden Erklärung zufolge geht *Koljadi* auf *Koljada* zurück, den slawischen Gott des Winters (*siehe* Seite 98). Für die These ihres heidnischen Ursprungs spricht auch, dass die ältesten dieser Volkslieder keinen Bezug zur Weihnachtsgeschichte haben.

In ukrainischer Sprache nennt man diese Art von Weihnachtsvolksliedern *Schtschedriwki*. Unter den Gelehrten gibt es eine anhaltende Debatte darüber, ob *Schtschedriwki* und *Koljadi* zwei unterschiedliche Gattungen oder zwei Varianten derselben Ordnung sind. Unstrittig ist jedoch, dass man in der Ukraine zwischen Weihnachtsliedern unterschied, die auf dem Evangelium gründeten und nur in der Kirche gesungen wurden, und solchen, die von Haus zu Haus ziehend gesungen wurden und in denen die Menschen anderen Familien gegenüber ihre guten Wünsche für eine reiche Ernte, Glück und Gesundheit zum Ausdruck brachten.

Die Kirche begegnete diesen Volksliedern zunächst mit Misstrauen und Ablehnung, denn das Christentum breitete sich in einem Europa aus, in dem nach dem Untergang des Römischen Reiches noch »barbarische« Sitten herrschten. Allein Byzanz und die arabische Welt galten als kultivierte Zivilisationen. Die »barbarische« Gottesvorstellung aber ähnelte der des Alten Testaments: Gott wurde als gerechter, aber strenger und strafender Vater verehrt, als Richter, der die Menschen für ihre irdischen Sünden hart bestrafte, denn wie sonst sollte man diesen eigensinnigen »barbarischen« Stämmen Ordnung und Moral beibringen? Dies illustriert die mittelalterliche Legende vom Priester, der Frauen und Männer beim Tanzen in der Kirche erwischte. Als er sie aufforderte, damit aufzuhören, weigerten sie sich, und als sie daraufhin bestraft wurden, tanzten sie einfach bis zum nächsten Weihnachtsfest weiter.

Im 12. Jahrhundert änderte sich die Situation dramatisch, als Europa eine Phase durchlief, die später als »Erste Renaissance« bezeichnet werden sollte. Der Handel blühte auf, die Städte wuchsen, Universitäten wurden gegründet, und mithilfe arabischer Gelehrter entdeckten christliche Theologen die Texte von Aristoteles, Platon und anderen antiken Philosophen. Der französische Mönch Adam von St. Viktor erweiterte das musikalische Repertoire der Notre-Dame-Schule, indem er seine in lateinischer Sprache verfasste geistliche Dichtung mit bekannten Melodien seiner Zeit verband. Damals begann sich auch das Wesen christlicher Spiritualität zu verändern. Die Beziehung christlicher Gläubiger zu Gott wurde inniger, und die Idee der Beichte entstand. Gott selbst wurde nicht länger als strafender, sondern vor allem als liebender Gott dargestellt – ein Gott, der die Menschen so sehr liebte, dass er zu ihrer Rettung seinen einzigen Sohn auf die Erde sandte und ihnen opferte.

Die Verkörperung dieses neuen Verständnisses des Christentums war der heilige Franz von Assisi, der auch als Erster die weihnachtlichen Volkslieder populär machte. Der heitere italienische Mönch, der Tiere, Kräuter und Flüsse liebte, vertrat die Ansicht, die Glaubensgemeinschaft solle ihre Hymnen und Choräle nicht innerhalb ihrer Kirchenmauern einschließen. Er versuchte, die christliche Botschaft von der Liebe Gottes auch dem einfachen, ungebildeten Volk näherzubringen, und wählte hierfür Weihnachtslieder, die auf Geschichten aus dem Evangelium beruhten, deren komplexe Melodien er vereinfachte. Jedes dieser Lieder unterstrich die Botschaft, dass Gott seinen Sohn zu den Menschen gesandt hat, weil er sie liebte; und dass Gottes Sohn nicht für die Mächtigen, sondern für die Ärmsten und Bescheidenen auf die Welt gekommen ist – schließlich war er nicht in einem Palast, sondern in einer kargen Höhle geboren worden.

Im 13. Jahrhundert hatte sich mithilfe katholischer Mönchsorden die Tradition durchgesetzt, Weihnachtslieder nicht in Latein, sondern in einer Sprache zu singen, die auch den Sängern dieser Lieder vertraut war. Priester und Dichter übersetzten die lateinischen Texte, die im Gottesdienst benutzt wurden, in Alltagssprache und teilten sie mit den Gläubigen, die sie bereitwillig annahmen.

Zu den Ältesten unter ihnen zählen das deutsche (in einfachem Latein verfasste) Weihnachtslied »In Dulci Jubilo« und das alte polnische »W żłobie leży« (»Er liegt in der Krippe«). Die Liedtexte erzählen die Geschichte von Christi Geburt, wie sie in den Evangelien von Lukas und Matthäus aufgeschrieben wurde. In einigen Fällen wurde

A
B
B
A
SLADE
1973
1979

diese Geschichte mit Details aus den Apokryphen ergänzt. So geht etwa eines der ältesten englischen Weihnachtslieder, »The Cherry-Tree Carol«, auf die Geschichte des Pseudo-Matthäus-Evangeliums ein: Die Heilige Familie macht unter einem Kirschgarten Rast, und Maria bittet Josef, ihr Kirschen zu bringen, während sie sich um das Kind kümmert. Josef reagiert beleidigt und sagt im Zorn, nicht er, sondern der echte Vater des Kindes solle die Kirschen pflücken. Daraufhin beugt sich der Kirschbaum zu Maria herab und gibt ihr von seinen Früchten. Der beschämte Josef bereut seine Worte und nimmt sie zurück.

Geschichten wie diese sind manchmal traurig und manchmal fröhlich. Ihre Helden verhalten sich wie gewöhnliche Menschen (Josef streitet mit Maria), doch immer erscheinen sie in einem mystischen Licht und strahlen menschliche Wärme aus. Vor allem aber verkünden sie, dass auch die Schwächsten und Ärmsten nicht allein gelassen werden.

Das goldene Zeitalter der Weihnachtslieder erstreckte sich vom 15. bis zum 16. Jahrhundert. In dieser Zeit wurde in der Kirche, zu Hause und auf den Straßen gesungen. Nach Erfindung des Buchdrucks fanden die Texte und Noten eine weite Verbreitung, und die Tatsache, dass die Beschäftigung mit Musik zum Beruf wurde, trug zu ihrer Beliebtheit bei. Die Musik zu den Weihnachtsliedern wurde nun von professionellen Komponisten verfasst, die oftmals auf volkstümliche Melodien zurückgriffen und ihnen einen schöneren Klang verliehen, indem sie von der Monophonie zur Polyphonie übergingen, sodass die Lieder nicht mehr nur von einer, sondern von mehreren Stimmen gesungen wurden. Manchmal übernahmen diese Stimmen unterschiedliche Melodien, die zusammen eine wunderbare Harmonie ergaben. Vor allem in England, wo der Priester und Dichter John Audelay im

15. Jahrhundert die erste Sammlung von Weihnachtsliedern herausgab, entstanden viele großartige Werke.

Im 16. Jahrhundert veränderten sich mit wachsendem Einfluss des Protestantismus auch die Weihnachtstraditionen. Protestanten forderten die Rückkehr zu der Einfachheit des Urchristentums und versuchten, die Kirche von katholischen Elementen zu reinigen. Und da die ersten Christen weder Weihnachten feierten noch entsprechende Lieder sangen, wurden diese Traditionen als Teil des »Reinigungsprozesses« aufgegeben. Doch wurde dies je nach Land unterschiedlich gehandhabt. Martin Luther liebte Weihnachtslieder und trug in deutschen evangelischen Gemeinden zu ihrer Verbreitung bei. Er schrieb sogar selbst mehrere neue Weihnachtslieder. In England, Schottland und Irland hingegen widersetzte sich Oliver Cromwell der Tradition der *Carols*. Sein Verbot hielt sich jedoch nicht lange und wurde aufgehoben, nachdem die Puritaner die Macht verloren hatten und England wieder anglikanisch wurde. Allerdings erneuerten nach Nordamerika ausgewanderte Puritaner in jenen Gebieten, in denen sie das Sagen hatten, das Verbot.

Wie man es auch wendet, zu Beginn des 19. Jahrhunderts sah es sowohl in England als auch Amerika so aus, als würde die Gattung bald vollständig verschwinden. Zum Glück war diese Gefahr bald schon gebannt. Die Autoren englischer Weihnachtslieder, darunter John Mason Neale (ein Wissenschaftler, Dichter, Hausverwalter und anglikanischer Priester), übersetzten viele Lieder aus dem Lateinischen und Französischen ins Englische. Und allmählich schwanden auch in den Vereinigten Staaten, wo die Freiheit des neuen Landes zum fruchtbaren Boden für viele weltberühmte Weihnachtslieder werden sollte, die Vorurteile gegenüber dem Christfest.

Die katholische Kirche setzte ihrerseits Kirchenlieder bewusst als Waffe im Kampf gegen den Protestantismus ein. Dieser hatte seine Anhänger gewonnen, weil er den einfachen Leuten das Wort Gottes in einer Sprache übermittelte, die sie verstanden. Um nun Protestanten wieder für sich zu gewinnen, übersetzte die katholische Elite Weihnachtslieder vom Lateinischen in die jeweiligen Landessprachen.

Die Sternsinger-Tradition gelangte von der katholischen ausgehend in die orthodoxe Welt. Im Jahr 1596 akzeptierte ein Teil der orthodoxen Königlichen Republik Polen-Litauen eine Union mit Rom. Damit einhergehend etablierte sich der Brauch, Weihnachtslieder zu singen, die auf Geschichten aus den Evangelien beruhten. In einigen Fällen handelte es sich um fast wörtliche Übersetzungen. So wurde zum Beispiel die lateinische Hymne aus dem 6. und 7. Jahrhundert, »Angelus pastoribus dixit vigilantibus«, im 16. und 17. Jahrhundert als »Der Engel sprach zu den Hirten« zunächst ins Polnische und dann ins Ukrainische übersetzt.

Doch die meisten der Weihnachtslieder, die wir heute kennen, sind keine Übersetzungen, sondern eigenständige Kompositionen. Sie wurden mit neuen Handlungssträngen und Bildern versehen, die nicht aus lateinischen Kirchenhymnen hervorgingen. Dies konnte auch nicht sein, da sie die Lebensumstände des einfachen Volks in Deutschland und seinen Nachbarländern widerspiegeln. In volkstümlichen Weihnachtsliedern wird Jesus in einem eisigen Winter geboren und leidet zusammen mit Maria und Josef unter der Kälte. Eine besondere Betonung liegt dabei auf der Armut der Heiligen Familie. Sie findet keine Unterkunft, wie eine Gruppe Bettler jagt man sie davon und gewährt ihr keinen Zutritt in die Häuser, bis der ärmste Gastwirt sie in seinem Stall aufnimmt.

Genauso werden Jesus, Maria und Josef selbst nicht als Judäer, sondern als Vertreter der jeweiligen europäischen Länder gezeichnet, so als hätte sich die Geburt Christi nicht in Judäa, sondern auf deutschem, polnischem, tschechischem oder belarussischem Gebiet zugetragen. Mit der Ausbreitung des Christentums wiederholte sich auch auf anderen Kontinenten diese Form der Aneignung von Weihnachten und seinen Geschichten. In dem argentinischen Weihnachtslied »La Peregrinación«, »Die Pilgerreise«, ziehen Maria und Josef nicht durch die Wüste, sondern durch die argentinische Pampa. So wurde die Gattung der Weihnachtslieder schnell von unterschiedlichen Ländern einverleibt: Ein jedes erzählte die Geschichten des Evangeliums auf eigene Art und Weise und fügte ihr ortsspezifische Details hinzu. Fast jede Nationalkultur kennt ihre eigenen Weihnachtslieder.

Es bleibt die Frage, ob es jemals russische kirchliche Weihnachtslieder gegeben hat. Diese russischen Weihnachtslieder sind entweder *Schtschedriwki* oder Werke aus der russischen Hochkultur des 19. Jahrhunderts. Was man im Westen als russische Weihnachtlieder kennt, etwa »Eine neue Freude ist gekommen«, sind in Wirklichkeit oft ukrainische Lieder – wie man unschwer an der Sprache erkennt, in der sie gesungen werden. In jedem Fall entspricht die Grenze zwischen den orthodoxen Traditionen Kyjiws und Moskaus weitestgehend der Grenze zweier Regionen: in denen die Menschen Weihnachtslieder kennen und singen – und in denen man sie weder kennt noch singt.

Auf der ganzen Welt stößt man zuweilen auf Weihnachtslieder mit politischen Inhalten. Einige bringen die Hoffnung zum Ausdruck, eine Nation möge sich vom Joch einer anderen befreien und ihre Freiheit wiedererlangen. So handelt es sich etwa bei »The Coventry Carol« aus England und »Ne platsch, Rachyle« (»Weine nicht, Rahel«) aus der

Ukraine um zwei Weihnachtslieder, die in Kriegszeiten entstanden sind. Beide beziehen sich auf die Geschichte Rahels, der Frau Jakobs und Mutter Josefs, die im Buch Jeremia des Alten Testaments erzählt wird. Rahel, als Urmutter der Juden, weint um ihre Kinder, die von den Assyrern verschleppt wurden. Im Neuen Testament verbindet Matthäus diese Geschichte mit der von Herodes befohlenen Ermordung von Kindern:

> »Als Herodes nun sah, dass er von den Weisen betrogen war, wurde er sehr zornig und schickte aus und ließ alle Knaben in Bethlehem töten und in der ganzen Gegend, die zweijährig und darunter waren, nach der Zeit, die er von den Weisen genau erkundet hatte. Da wurde erfüllt, was gesagt ist durch den Propheten Jeremia, der da spricht: ›In Rama hat man ein Geschrei gehört, viel Weinen und Wehklagen; Rahel beweinte ihre Kinder und wollte sich nicht trösten lassen, denn es war aus mit ihnen.‹« (Matthäus 2:16-18)

Die Erzählung hat sich über die Jahre verändert, doch die Idee bleibt dieselbe: Gott tröstet Rahel und sagt, dass dieses Opfer nicht umsonst gewesen sei und ihre Kinder zu ihr zurückkehren würden.

Als die deutsche Luftwaffe 1940 Coventry bombardierte, sang der Chor der Stadt »The Coventry Carol« über die Frauen von Bethlehem und ihre ermordeten Kinder. Das Lied entstand bereits im 14. Jahrhundert. Es ist eines der ältesten englischen Weihnachtslieder und hat allein aufgrund glücklicher Zufälle überlebt. Im Jahr 1534 schrieb ein ansässiger Handwerker es auf, und erst kurz bevor das Original bei einem Brand in der Bibliothek von Birmingham zerstört wurde, war eine Kopie angefertigt worden.

Das ukrainische »Ne Platsch, Rachyle« wiederum zählt zu den ältesten Weihnachtsliedern der Ukraine. Seine Entstehungszeit lässt sich anhand der Melodie bestimmen, einer Variante des portugiesisch-spanischen Renaissancetanzes Folia, wenngleich nicht bekannt ist, wann es in die Ukraine kam. Die uns heute bekannte Version reproduziert die Hauptmelodielinie von Arcangelo Corellis »La Folia« (Sonate Nr. 12 in d-Moll aus Opus 5).

Die Reise des Liedes endete nicht in der Ukraine. Als ukrainische Bauern im 19. Jahrhundert Sibirien und andere russische Gebiete urbar machten, überlieferten sie es in den Ural und in weiter entfernte Regionen. Der östlichste Punkt, an dem Folkloristen das Lied niederschrieben, war Irkutsk nahe des südwestlichen Endes des Baikalsees.

Auch politische Gefangene zählten zu den Gruppen, die von diesem Lied geprägt wurden. Während der polnischen Aufstände des 19. Jahrhunderts bis hin zur Auflösung des stalinistischen Gulag reihten sich die Straflager wie an einer Perlenkette von West nach Ost. Für ihre Insassen nahm »Weine nicht, Rahel« eine ganz eigene Bedeutung an. Die neueste Version beginnt mit einem Verweis auf die bekannte Tragödie der Juden im Alten Testament und zieht am Ende eine direkte Parallele

zur Vernichtung des ukrainischen Volkes und argloser Kinder durch ein an Herodes gemahnendes kommunistisches Regime: »Liebe zur Ukraine – es ist alles ihre Schuld, alles ihre Schuld …«

Traurigerweise hat diese Geschichte bis heute nicht an Relevanz verloren. Sie handelt von Tyrannen – von ihrer Grausamkeit und gleichzeitigen Machtlosigkeit. Sie erzählt vom Leiden der Schwächsten – der Kinder, Frauen, älteren Menschen, Vertriebenen – und hat eine tiefere Bedeutung, dieses Leiden für immer in Erinnerung zu bewahren.

Diese Geschichte hat auch eine gesellschaftspolitische Dimension, die Richard Howard, der damalige Dompropst von Coventry, in seiner Predigt am 25. Dezember 1940 in den Ruinen der durch deutsche Luftangriffe zerstörten Kathedrale treffend zum Ausdruck brachte: »Wir wollen versuchen, alle Gedanken an Rache zu vertreiben. Wir werden versuchen, eine bessere Welt zu schaffen.« Es ist die Vision einer Welt, nicht wie sie ist, sondern wie sie sein sollte.

Die europäische Gemeinschaft wächst aus jüdisch-christlichen Traditionen und betont die Werte und die Würde eines jeden Menschen, ganz unabhängig von gesellschaftlicher Stellung und Herkunft. Diese Gemeinschaft sollte diesen Werten überall auf der Welt zur Blüte ver-

helfen, statt Aggressionen, koloniale Bestrebungen und Weltkriege, Autoritarismus und Totalitarismus, Gleichgültigkeit gegenüber den Schwächsten und unseren Nachbarn, Feindseligkeit gegen Fremde und Geflohene sowie Toleranz gegenüber Diktatoren zu fördern. Die Werte sind kein Alleinstellungsmerkmal der europäischen Zivilisation: Sie sind allen Ländern und Zeiten der Weltgeschichte eingewoben. Allerdings hat sich das moderne Europa, oder allgemeiner der Westen, zu einer Weltmacht entwickelt und muss deshalb auch globale Verantwortung für den gegenwärtigen Zustand der Welt tragen.

Es bleibt uns nichts anderes übrig, als mit Rahel zu weinen oder, wie die Sänger des Liedes, zu glauben, dass sich die Bedeutung ihrer Geschichte über die Zeit trägt. Es gibt keine Garantie für unseren Sieg. Es kann sein, dass unsere kurzfristigen Erfolge zunichtegemacht werden und wir ganz von vorne anfangen müssen. Doch werden wir nicht aufgeben. Unser Leiden darf nicht bedeuten, dass unsere Herzen verhärten. Wir werden weiter versuchen, die Welt zu einem besseren Ort zu machen.

In den letzten zweihundert Jahren wurde ein neues Kapitel in der Geschichte der Weihnachtslieder geschrieben, das mit einigen ironischen und überraschenden Wendungen aufwartet. Der weltweite Erfolg der angelsächsischen Populärkultur hat dazu geführt, dass heute überall englischsprachige Weihnachtslieder zu hören sind. Einige von ihnen wurden aus anderen Kulturen entliehen und übersetzt, wie zum Beispiel das österreichische »Stille Nacht«, doch erst diese Entlehnung führte zu ihrer weltweiten Bekanntheit.

»Schtschedryk« (Lied der Glocken), das weltweit bekannteste Weihnachtslied aus der Ukraine, das man vor allem in der Interpretation von Mykola Leontowytsch kennt, ist hierfür ein perfektes Beispiel. Es handelt sich um eine *Schtschedriwka*, hat also keine christliche Bedeu-

tung, da es aus vorchristlicher Zeit stammt. Ursprünglich ist es kein Weihnachts-, sondern ein Neujahrslied, das mit der Geschichte vom Flug der Schwalbe auf den Frühling einstimmt.

Wir wissen nicht, wie diese *Schtschedriwka* ursprünglich klang oder wie der Titel des Liedes lautete. Einer Überlieferung zufolge hörte Leontowytsch sie erstmals in der ukrainischen Region Podolien, eine andere Quelle nennt Wolhynien. Ihr erstes Arrangement wurde 1916 in Kyjiw uraufgeführt, doch steht ihr weltweiter Erfolg in engem Zusammenhang mit der ukrainischen Revolution.

Obwohl sie gleichzeitig gegen mehrere Armeen gekämpft hat, blieb der jungen ukrainischen Volksrepublik die internationale Anerkennung versagt. Deshalb hatten die ukrainischen Staatenführer die Idee, einen Chor unter Leitung von Olexander Koschyz ins Ausland zu schicken. Seine ukrainischen Lieder sollten als Werbung für die ukraini-

sche Sache dienen und die Kulturdiplomatie die politische Diplomatie ersetzen.

Drei Jahre ging der Chor auf Tournee und trat in zehn europäischen Ländern auf, bis auch der amerikanische Operndirektor Max Rabinoff auf ihn aufmerksam wurde und ihn 1922 nach New York einlud, um in der berühmten Carnegie Hall aufzutreten. Als der Chor zum Abschluss des ersten Akts »Schtschedryk« sang, erhielt er stürmischen Applaus.

Die *New York Times* schrieb in ihrer Konzertbesprechung: Die Musik aus der Ukraine »ließ den gewaltigen Reichtum an jugendlicher und unverbrauchter Lebensfreude erahnen, die eine Jahrhunderte währende, beispiellos tragische Geschichte überdauert hat«.

Ein amerikanischer Komponist ukrainischer Abstammung, Piter (Petro) Wilhowskyj, hörte den Chor »Schtschedryk« singen, übersetzte das Lied ins Englische und nannte es »Carol of the Bells« (»Lied der Glocken«). Seither wurde Wilhowskyjs Interpretation unzählige Male in Werbeclips und Filmen eingesetzt (die wohl berühmtesten Beispiele sind ein Spot für die Champagnermarke André Clouet und der Film *Kevin – Allein zu Haus*). Die ungewöhnlichste Performance lieferten fünf NBA-Superstars, die im Rhythmus des Liedes Basketbälle auf den Hallenboden aufprallen ließen.

Trotz seiner großen Beliebtheit im Westen war dieses Weihnachtslied in der Ukraine bis zum Untergang des Kommunismus weitgehend unbekannt. Obwohl es keine christlichen Symbole enthält, stuften die sowjetischen Behörden es als religiöses Werk ein. Nach einer langen Reise um die Welt wurde »Schtschedryk« neu belebt und kehrte schließlich in sein Heimatland zurück.

Neben der Verbreitung der angelsächsischen Kultur auf der ganzen Welt hat auch die jüngere Säkularisierung des Weihnachtsfestes dazu beigetragen, dass man in dieser Zeit überall Weihnachtslieder hört: auf Konzerten, im Radio oder aus den Lautsprechern überfüllter, mit Schlitten und bunten Paketen dekorierten und von pausbäckigen Großvätern beehrten Einkaufszentren. Sie sind Teil des kulturellen Codes der modernen, säkularen Welt geworden.

Gleichzeitig finden die Menschen nur selten die Gelegenheit, jenseits von Lautsprechermusik die Weihnachtsbotschaft zu hören. Auch wenn jedes Lied die Geschichte von Christi Geburt auf seine eigene Weise interpretiert, gibt es in vielen von ihnen immer noch die unsichtbare Verbindung zwischen dem Heiligen und dem Heidnischen, zwischen Engeln, die über den Hügeln von Bethlehem singen, und einer Welt, die einfach nur die Freuden des Mittwinters feiert.

Gewiss sangen christliche Familien in Vorfreude auf Weihnachten und die Festtage diese Hymnen. Sie gaben ihr Erbe weiter, sie schrieben sie in ihre eigene Geschichte ein. Selbst wenn Familien ihren Kindern nicht dieselbe Erziehung zukommen lassen konnten, die wir heute genießen, so schafften sie es dennoch, ihnen ein Grundwissen zu vermitteln: Die Kinder wurden am Familientisch erzogen und unterrichtet.

Doch mit der Zeit, in der behaglichen Welt nach dem Zweiten Weltkrieg, als Kühlschränke und Elektroherde für jeden erschwinglich wurden, verschwand in den Familien die Notwendigkeit, sich um einen großen Esstisch zu versammeln. Für kleinere Familien wurden bequemere Wohnungen erschwinglich: Immer mehr Menschen verließen die Gemeinden, in denen sie aufgewachsen waren, und zogen an Orte, an denen Arbeitsplätze geschaffen worden waren. Die Räume, in denen sich große Familien zu Hause zusammenfanden, verkleinerten sich deutlich: In den Wohn- und Esszimmern, wo sich Verwandte aus mehreren Generationen trafen, um den Abend lesend, singend

oder sich unterhaltend am Kamin zu verbringen, wurde es still. Und dennoch: Bis heute kehrt die ganze Familie jedes Weihnachten dahin zurück, wenn das gemeinsame Mahl aufgetischt wird, wenn weiches Kerzenlicht den Raum erhellt und die aus der Kindheit bekannten Weihnachtslieder erklingen.

Diese fröhliche Tradition hat sich vor allem in Mittel- und Osteuropa bewahrt. Doch ist die Geschichte der Weihnachtslieder dort eine andere als im Westen. Sowohl das kommunistische als auch das nationalsozialistische Regime duldeten beide, wenngleich aus unterschiedlichen Gründen, keine kirchlichen Lieder. Für die Kommunisten war jede Religion ein Relikt der Vergangenheit. Ihre Ablehnung der Weihnachtsliedtradition wurde noch dadurch verschärft, dass diese im »feindlichen Westen« ihren Ursprung hatte. Die Nazis dagegen fühlten sich durch Weihnachtslieder an die jüdischen Wurzeln Christi und seiner Familie erinnert. Da sie jedoch nach wie vor ein beliebtes Genre der Volksmusik blieben, versuchten Kommunisten wie Nazis, ihre Beliebtheit propagandistisch zu nutzen. Deshalb wurden in den Texten vormaliger Weihnachtslieder christliche Bilder und Symbole so verändert, dass sie in der UdSSR eine kommunistische, in Deutschland eine nationalsozialistische Botschaft transportierten.

Heute kennen die meisten Menschen im Westen die Texte der beliebtesten Weihnachtslieder. Sie können sie auch mitsingen. Das heißt aber nicht, dass sie an Jesus glauben. Weihnachten hat im Westen seinen festlichen Charakter bewahrt, ist aber vor allem seit den 1960er-Jahren, als Theologen damit begannen, vom »Tod Gottes« zu sprechen, nicht mehr die Feier der Geburt des Gottessohnes. Weihnachtslieder sind inzwischen hochgradig kommerzialisiert. Jedes Jahr erscheinen neue, und nur wenige Rock- oder Popstars möchten in ihrem Repertoire einen weihnachtlichen Hit missen. Nur ein kleiner Anteil bezieht sich auf Ereignisse der tatsächlichen »Weihnacht« und kann in engerem Sinne als Weihnachtslied gelten.

Und doch gibt es bis heute Regionen, wo das christliche Weihnachten nicht vollständig vom Kommunismus ausgelöscht oder vom Kapitalismus in reinen Kommerz verwandelt wurde. Zu diesen Regionen gehört das Galizien innerhalb der ehemaligen österreichischen Grenzen – Teile der heutigen Ukraine und des gegenwärtigen Polens. Die Galizier hatten insofern Glück, als der Kommunismus sie im Vergleich zum Rest der Ukraine erst nach dem Zweiten Weltkrieg und der sowjetischen Annexion erreichte. Wer Weihnachtslieder hören oder sie zu singen lernen will, kann heute noch nach Lwiw oder Krakau fahren – besser noch in eine galizische Kleinstadt oder in ein Bergdorf, wo Weihnachten fast so begangen wird wie vor mehr als hundert Jahren. Man sollte sich jedoch beeilen, denn die Kommerzialisierung macht auch vor dieser Region nicht halt.

Letztendlich liegt es an uns, ob wir die Tradition der Weihnachtslieder bewahren oder aufgeben wollen. Es bleibt zu hoffen, dass die mitfühlenden Menschen auf der Welt nicht weniger werden. Der Charme der Weihnachtslieder ist so ansteckend wie eh und je, und alle, die sie auf sich wirken lassen, können noch heute ihre unbändige Wärme und Freude erfahren.

WERTEP: DIE KRIPPE

Unter den Weihnachtssymbolen bricht eines alle Rekorde, was die Anzahl seiner Namen und Bedeutungen angeht. In fast jeder Sprache nennt man es anders: *Krippe* auf Deutsch, *Nativity Scene* auf Englisch, *Kerststal* auf Dänisch, *Crèche* auf Französisch, *Presepio* auf Italienisch, *Belén* oder *Pesebre* im europäischen Spanien, *Nacimiento* in Zentral- und Südamerika (außer in Puerto Rico, wo es *Portal* heißt), *Jesličky* oder *Putz* auf Tschechisch, *Szopka* auf Polnisch, *Bethlehem* oder *Születési Jelenet* auf Ungarisch, *Batlejka*, *Viartep*, *Pstmeika* oder *Schlob* auf Belarussisch und *Wertep* oder *Schopka* auf Ukrainisch.

Die Größen von Weihnachtskrippen variieren zwischen achtzig Quadratmetern (DIORAMA Einsiedeln in der Schweiz) und kleinen Häuschen, die unter dem Weihnachtsbaum oder auf einem Tisch Platz finden. Die kleinsten Krippen werden aus Walnussschalen hergestellt, doch neben Holz- und Nussschalen kommen auch Materialien wie getrocknete Melonen (Südamerika) und Papier (in der Tschechischen Republik) zum Einsatz.

Die Krippe zeigt Figuren aus der Weihnachtsgeschichte: das Jesuskind, die Jungfrau Maria, Josef, die Heiligen Drei Könige – die größten können über eintausend Figuren fassen. Bei lebensgroßen Figuren greift man auch auf echte Ochsen und Esel, manchmal auch auf Schafe zurück. Seit den 1990er-Jahren hat sich die Krippe in Dublin zu einem Zoo für einheimische Bauernhoftiere entwickelt, die Stadtkinder wenigstens einmal im Jahr zu Gesicht bekommen. Weder Lukas noch Matthäus erwähnen in der Weihnachtsgeschichte Ochs und Esel; da Jesus jedoch in einem Stall oder einer Höhle geboren wurde, kann man durchaus davon ausgehen, dass bei seiner Geburt Tiere zugegen waren.

Der Esel gehört meistens dazu, weil er wahrscheinlich Maria auf dem Rücken nach Bethlehem getragen hat und während der Geburt Jesu an der Futterkrippe stand. Der Ochse kommt im Neuen Testament nicht vor, wird aber häufig dargestellt, um die Prophezeiung des Jesaja zu bestätigen – dass ein Esel und ein Ochse dem neugeborenen Messias huldigen würden (Jesaja 1:3). Auch Schafe spielen oft eine Rolle, da die Hirten zu den Ersten gehörten, die kamen und Jesus begrüßten.

Die Apokryphen (nicht-kanonische Evangelien) und Legenden ergänzen die Weihnachtsgeschichte mit weiteren Tieren. Angeblich bedeckte der Storch die Krippe mit seinen Federn, weshalb er zum Schutzpatron von Neugeborenen wurde (und sich der Glauben verbreitete, der Storch bringe die Babys). Die Nachtigall erhielt unter allen Vögeln die schönste Stimme, weil sie für das Jesuskind sang, während es schlief. Das jüngste der Kamele, die die Weisen aus dem Morgenland und ihre Geschenke trugen, stöhnte vor Müdigkeit auf, und Jesus dankte ihm, indem er es unsterblich machte. Deshalb bringen Kamele bei den Christen aus dem Nahen Osten bis heute die Weihnachtsgeschenke zu den Kindern.

Es heißt, eine Spinne habe Maria, Josef und Jesus mit ihrem Netz vor den römischen Soldaten versteckt; die Vögel hätten die Heilige Familie gewarnt, als Gefahr drohte; das Reh sei auf die Knie gesunken, als es am Himmel einen Stern erblickte, und die Bienen hätten zu

Weihnachten den hundertsten Psalm gesungen, doch nur ein reines Herz habe diesen Gesang hören können.

Die besondere Rolle, die Tieren in Weihnachtserzählungen zukommt, führte zu dem Glauben, sie während der Festtage besonders gut behandeln zu müssen. Der heilige Franziskus, von dem es heißt, er habe mit Tieren und Vögeln gesprochen, betete für ihre Errettung, denn er nahm an, auch sie hätten eine Seele. Er stellte einen Ochsen und einen Esel in eine der ersten Weihnachtskrippen und ermahnte Christen am Weihnachtstag, dem Vieh mehr Futter zu geben und Getreide auf die Straßen zu streuen, damit die Vögel reichlich Nahrung fänden. Die Tradition, zu Weihnachten besonders freundlich mit dem Vieh umzugehen, hat sich in einigen Ländern bis heute gehalten. So geben die Polen dem Tierfutter Oblaten (liturgisches Brot) bei, und die Ukrainer füllen die Futterkrippen mit Getreide.

Manchmal wird die Krippe ohne Jesus aufgebaut. Er erscheint erst am Heiligabend, zum Zeitpunkt seiner Geburt. In italienischen Krippen gibt es einen gastfreundlichen Hirten, Jelindo, von dem es heißt, er habe Josef und die Jungfrau Maria auf ihrem Weg nach Bethlehem bei sich übernachten lassen. In den Krippen der Provence sieht man mehrere zusätzliche Figuren – einen Walnuss- oder Gemüsehändler, eine Frau, die Fisch verkauft, und einen Handwerker, der Messer schleift. In Katalonien befindet sich unter den Krippenfiguren ein Bauer oder Soldat, der Kagener, der, die Hosen heruntergelassen, einem natürlichen Bedürfnis nachkommt. Dem Glauben nach soll diese Figur Unglück bannen und die Fruchtbarkeit des Landes symbolisieren. In mexikanischen Krippen finden sich oft Figuren von Hähnen, Truthähnen,

Fischen und Tortilla backenden Frauen. In peruanischen entdeckt man oft Lamas. Krippen werden an unterschiedlichsten Orten aufgebaut – vor Kirchen, auf Marktplätzen oder in der Nähe von Rathäusern. In Südamerika ersetzt die Krippe den Weihnachtsbaum: Die Familien versammeln sich um sie herum, um zu beten, Weihnachtslieder zu singen und sich zu beschenken. In Ungarn, Polen und der Ukraine tragen Weihnachtssänger die Krippen von Haus zu Haus. In einigen muslimischen Ländern werden sie in Wohnungs- oder Schaufenster gestellt, um zu zeigen, dass die Bewohner oder Ladenbesitzer Christen sind. Die Krippe kann einen Stall oder eine Höhle darstellen (slawische Wörter für Krippe bedeuten oft »Höhle«). Einige Krippen lassen sich von einer Höhle oder einem Stall in ein Schloss oder in königliche Gemächer verwandeln, um der Rolle Jesu als der König aller Nationen zu ehren. In polnischen *Schopkas* wird eine Höhle oder ein Stall als Kathedrale dargestellt. Auch Banksy hat eine eigene Krippenversion geschaffen, in der hinter der Heiligen Familie ein Granateneinschuss in einer Mauer zu sehen ist. Seinc Krippe befindet sich im Walled Off Hotel in Bethlehem, nicht weit von den Sperranlagen, mit denen sich Israel von den palästinensischen Gebieten abschottet.

Krippen können statisch sein, mit feststehenden Figuren, oder mechanisch, mit sich bewegenden Figuren. Die größte mechanische Krippe befindet sich in der tschechischen Stadt Jindřichův Hradec. Sie besteht aus 1.389 Figuren und steht im Guinness-Buch der Rekorde.

Eine weitere Version von Krippen sind Puppentheater mit Szenen aus der Weihnachtsgeschichte, gefolgt von kurzen humoristischen Einlagen zum Tagesgeschehen. Diese Krippen ähneln zweistöckigen Puppenhäusern: Die obere Etage stellt den Himmel dar und bildet das heilige Weihnachtsgeschehen ab, während das Erdgeschoss die profane Welt repräsentiert und Episoden des häuslichen Zusammenlebens nachzeichnet.

Außerdem werden häufig Krippenspiele aufgeführt, in denen nicht professionelle Schauspieler, Erwachsene, Kinder oder Schüler Szenen interpretieren, die sich um die Weihnachtsgeschichte drehen. Besonders häufig werden Krippenspiele – sowohl in Form von Puppen- und Schauspieltheatern – in slawischen Ländern, insbesondere bei Belarussen, Serben, Kroaten und Ukrainern, inszeniert. Neben der Heiligen Familie können auch die drei Könige, Engel, Hirten, der Teufel, der Tod, Juden, Soldaten, Kosaken und Herodes auftreten. Die einzelnen Aufführungen unterscheiden sich stilistisch oft sehr, doch die Handlung ist überall mehr oder weniger die gleiche: Engel verkünden die Geburt Jesu Christi, des Königs der Welt; Herodes versucht herauszufinden, wo das Christuskind sich aufhält; er befragt hierfür die drei Könige, die sich weigern, dieses Geheimnis preiszugeben; verschiedene Menschen versuchen, Herodes zu täuschen. Da er nicht weiß, wo genau Christus geboren wurde, befiehlt Herodes seinen Soldaten, alle Neugeborenen zu töten, doch sobald er sich am Ziel wähnt und glaubt, sich beruhigen zu können, ereilt ihn der Tod, der ihm mit seiner Sense die Krone und den Kopf abschlägt; schließlich nimmt

der Teufel Herodes mit in die Hölle. Zum Schluss singen alle zusammen ein Weihnachtslied und wünschen dem Hausbesitzer und seiner Familie Glück, Gesundheit und Wohlstand.

Die jeweilige Zeit bestimmt, wer in der Krippe dargestellt wird und wer nicht. Herodes in einer ukrainischen Krippe könnte Stalin, der ukrainische Präsident Janukowitsch oder der russische Präsident Putin sein. Das Erscheinen und Verschwinden einzelner Figuren unterliegt nicht irgendwelchen Launen – die Krippe ist zwar zeitlos, aber dennoch dem Zeitgeist verhaftet. Demzufolge werden die Figuren der Heiligen Familie den Umständen von Ort und Zeit gemäß abgebildet: In bayerischen Krippen etwa wird Jesus als wohlgenährtes Kind gezeichnet, und die Hirten sind bayerischen Bauern nachempfunden, in südafrikanischen Krippen ist die Jungfrau Maria schwarz und so weiter.

Unabhängig von ihrer Form gehen alle Krippen auf einen Ort, eine Zeit und eine Person zurück: Franz von Assisi. Wahrscheinlich im Jahr 1182 als Sohn einer wohlhabenden Familie geboren, entsagte er den Reichtümern der Welt, um mit einfachen, armen Menschen zu leben. Einfachheit und Armut gingen Hand in Hand mit mangelnder Bildung. Keiner aus der Landbevölkerung konnte die Bibel lesen, und die Liturgie wurde auf Lateinisch gehalten, in einer Sprache, die nur wenige verstanden. Deshalb führte der heilige Franziskus am Weihnachtstag des Jahres 1223 für die Armen aus den italienischen Vorstädten seiner Heimat ein Schauspiel auf, in dem er und seine Brüder aus dem Mönchsorden Szenen aus den Evangelien nachspielten. Diese Krippenspiele waren einer palästinensischen Wallfahrt zum Geburtsort Jesu nachempfunden und wurden in einer Höhle aufgeführt. Neben den Mönchen waren auch ein lebender Ochse und ein Esel zu sehen.

Einige Historiker vermuten, dass Krippenspiele bereits vor Franziskus existierten und er sie lediglich einem größeren Kreis zugänglich gemacht habe. Diese Annahme kann jedoch nicht belegt werden. Dem ganzen Wesen seiner christlichen Spiritualität entsprechend spricht vieles dafür, dass der Heilige Franziskus die Krippenspiele tatsächlich geschaffen hat. In einer Zeit, in der in Italien geistlicher Wucher und Materialismus herrschten, war es die Botschaft, dass Christus in Armut, Demut und Bescheidenheit geboren wurde, die Franziskus beim einfachen Volk so beliebt machte: Der allmächtige Gott kam in die Welt und richtete sich zuerst an die Armen und Benachteiligten, und all die Reichen und Mächtigen, die sich gleichgültig gegenüber ihrer Not verhielten, würden bestraft werden – wie König Herodes.

Von Italien aus verbreiteten sich die Krippen in der gesamten katholischen Welt, insbesondere in Nord- und Südamerika, Osteuropa und der gesamten Königlichen Republik Polen-Litauen, in der auch Ukrainer und Belarussen lebten. Es gibt Hinweise, dass Lwiwer Bernhardinermönche in ihrem Kloster bereits 1470 eine Krippe aufgestellt haben.

Bleibt die Frage, wo genau die östliche Grenze der Krippen verläuft. Nach Russland kam sie erst spät und in Form von Puppenspielen, die vor allem mit der Hochkultur in Verbindung gebracht wurden. Doch wie die russische Kunstkritikerin Irina Uwarowa in ihrem Buch *Wertep: Das Weihnachtsmysterium* schrieb, kann die russische Krippengeschichte nicht mit der imposanten, wahrhaft nationalen *Wertep*-Tradition der Ukraine verglichen werden.

Das Thema des *Wertep* hat auch die moderne ukrainische Kultur durchdrungen – es ist schwer, eine herausragende Persönlichkeit auszumachen, die nicht zumindest einen Aufsatz oder ein Gedicht darüber geschrieben hätte. Es findet sich in den Arbeiten von Taras Schewtschenko, Pantelejmon Kulisch, Mychajlo Drahomanow, Iwan Franko, Les Kurbas, Ihor Kalynez, Hryzko Tschubaj, Dmytro Pawlytschko und anderer herausragender Schriftsteller. Es verwundert nicht, dass gerade Krippenspiele zu einer Manifestation der ukrainischen Identität wurden, insbesondere im Kontext der Russifizierung und Sowjetisierung der Ukraine. In der Sowjetunion war die Feier von Weihnachten streng verboten, und zwar sowohl als religiöses Fest als auch als Feiertag (Feiertage in der UdSSR mussten offiziell sein). Sternsänger, die mit einer *Wertep* von Tür zu Tür gingen (vor allem Kinder und Jugendliche), wurden von der Polizei festgenommen und ihre Eltern mit Geldstrafen belegt. Im Kulturkampf zwischen sowjetischen (vor allem russischsprachigen) und ukrainischen Identitäten verlief ein unausgesprochener Disput in etwa wie folgt: »Wir haben euch, zusammen mit Bildung und Industrie, die Hochkultur gebracht!« – »Was für eine Kultur könnt ihr schon haben, wenn ihr noch nicht einmal Weihnachten und die Krippenspiele kennt?« Als nun im Jahr 1972 ukrainische Intellektuelle Krippenspiele organisierten, bezichtigte sie der KGB entsprechend einer »nationalistischen Gesinnung«.

Eine der ersten Manifestationen nationaler Unabhängigkeitsbestrebungen war die Lwiwer Straßenkrippe der Lion Society im Januar 1989. Während in der Ostukraine der Russisch-Ukrainische Krieg unvermindert weitergeführt wird, überrascht es kaum, dass ukrainische Freiwillige mit Krippen in den Donbas reisen, während dortige Separatisten und russische Medien diese Krippen als das Werk von »Banderisten« bezeichnen (die Banderisten sind Mitglieder der Organisation Ukrainischer Nationalisten). Wer am Ende den Krieg der Weihnachtstraditionen gewinnt, ist eine rein rhetorische Frage. Weihnachten ist unbesiegbar, wie auch eines seiner größten und beliebtesten Symbole, die Weihnachtskrippe.

DER WEIHNACHTSBAUM

Das Aufkommen des Weihnachtsbaumes in Osteuropa geht auf deutsche Einflüsse zurück: Zwischen 1795 und 1806 brachten ihn deutsche Protestanten in polnische Gebiete mit. Im Russischen Reich ließ Zar Nikolaus I. im Jahr 1817 auf Wunsch seiner Gemahlin, der in Preußen geborenen Prinzessin Charlotte, den ersten Weihnachtsbaum aufstellen. Eine andere Version der Geschichte besagt, dass der Weihnachtsbaum in Russland bereits hundert Jahre früher auf Initiative Peters I. eingeführt wurde, sich diese Tradition damals aber noch nicht durchsetzen konnte.

Wie dem auch sei – ab Mitte der 1840er-Jahre brach in St. Petersburg, Moskau, Kyjiw und anderen Städten jedenfalls ein wahres Weihnachtsbaumfieber aus. Ende des 19. Jahrhunderts meinte Tschechow ironisch, dass es in Russland bald keine Wälder mehr gebe, würde diese Mode fortbestehen. Allerdings beschränkte sich der Brauch, Weihnachtsbäume aufzustellen, in Deutschland wie in Polen und Russland auf die reicheren und gebildeteren Schichten. Die russische orthodoxe Kirche zeigte sich ablehnend, weil sie darin heidnische und deutsche Züge erkannte, und verbot im Jahr 1916 Weihnachtsbäume als deutsches Symbol. In den Dörfern übernahm der *Diduch*, ein geschmückter Strauß aus Roggen-, Weizen- oder Hafergarben, die Rolle des Weihnachtsbaums. Er wurde an Heiligabend auf den Festtagstisch oder an eine andere prominente Stelle des Hauses gestellt.

Den *Diduch* ins Heim zu bringen, galt als Beginn eines hohen Feiertags.

Obwohl wir nicht genau wissen, wann und wo die ersten Weihnachtsbäume in der Ukraine aufgestellt wurden, können wir doch sicher davon ausgehen, dass sein Aufkommen, wie in anderen Fällen auch, dem Einfluss deutscher Siedler zu verdanken war, weil Lwiw (im Deutschen als Lemberg bezeichnet) bis in die 1840er-Jahre die größte ukrainische Stadt war und in großen Teilen von Deutschen bewohnt wurde. In der ganzen Ukraine, von Galizien und Wolhynien bis zu den Küstengebieten des Schwarzen Meers, gab es deutsche Kolonien. Es ist jedoch wahrscheinlich, dass Weihnachtsbäume ab den 1920er- und 1930er-Jahren in den Dörfern der Westukraine Einzug hielten und neben dem *Diduch* existierten.

Der Weihnachtsbaum erreichte auch nicht christliche Länder. Für die Sowjetunion war die im Kreml aufgestellte Tanne bezeichnend. In Japan dekorieren viele Familien ihre Wohnungen Ende Dezember mit einem Nadelbaum, der im Japanischen *Kurisumasu* genannt wird (eine verzerrt phonetische Wiedergabe des englischen *Christmas*). Diese Tradition wurde während der amerikanischen Besatzung nach dem Zweiten Weltkrieg übernommen, obwohl die meisten Japaner keine Christen sind.

Auch Lichter zählen zu den wichtigsten Attributen des Weihnachtsfestes, die natürlich auch zum Weihnachtsbaum gehören. Über Krippen leuchten traditionellerweise achteckige »Sterne von Bethlehem« (bei den karpatischen Huzulen und Bojken heißen solche Sterne *Wertep*). Andererseits wurden in einigen Kirchen absichtlich keine Festtagskerzen angezündet. So wollte man die Gemeinde dazu ermutigen, mit eigenen Lampen zum Gottesdienst zu erscheinen, um sie damit daran zu erinnern, dass sie das Licht der Welt seien, dass das Licht nicht in ein

Kirchengebäude eingeschlossen bleibt, sondern sie begleiten solle, wohin sie auch gehen – insbesondere auch in ihre Wohnungen und Häuser. Nach einer alten Tradition wird am Heiligabend auf dem Festtisch eine Wachskerze entzündet. Und einem viel jüngeren Brauch folgend, den die Ukrainer im letzten Jahrhundert eingeführt haben, schmücken sie ihre Weihnachtsbäume mit einer blinkenden Girlande.

Dem bekannten Sprichwort eines anonymen Autors zufolge kämpft das Licht nie gegen die Dunkelheit, es überwindet sie mit seiner bloßen Anwesenheit. So kämpft Weihnachten auch nicht gegen die Hoffnungslosigkeit – es kommt einfach und lässt der Verzweiflung keinen Raum.

Als der Weihnachtsbaum-Trend weltweit Fahrt aufnahm, wurden sowohl die Bäume als auch die dazugehörigen Geschenke immer größer. Stellte man zuvor noch kleine geschmückte Bäume auf den Tisch und hing kleine Geschenke an ihre Zweige, so standen sie nun, umringt von ansehnlichen, übereinandergestapelten Päckchen, auf dem Fußboden.

So entwickelte sich allmählich die Tradition des Schenkens. Lange Zeit schenkte man sich handgefertigte Dinge – eher Gebrauchsgegenstände als Spaßgeschenke. In zahlreichen Büchern aus unterschiedli-

chen Zeiten und Orten werden solche Geschenke für die Liebsten erwähnt.

So drückten etwa warme Fäustlinge eine große Sorge um die in die amerikanische Prärie eingewanderten Angehörigen aus. Die aus Erlenholz geschnitzte *Schopka* (Krippe) war eine schüchterne Liebeserklärung für einen Geiger, der seinen Urlaub in den Tiroler Alpen zu verbringen gedachte. Soldaten an der Front erhielten gestrickte Socken, Taschentücher mit eingestickten Initialen und Kekse. Zusammen mit Briefen, die vom Weihnachtsfest in der Heimat erzählten und die ihnen versicherten, wie sehr sich alle auf ihre Rückkehr freuten, gaben diese Dinge ihnen die nötige Kraft zum Weiterkämpfen.

Patenonkel Droßelmeiers Geschenke an die Kinder in E.T.A. Hoffmanns *Nussknacker und Mausekönig* spiegeln ein Zeitalter der Fantasie und des Wohlstands wider, gleichzeitig aber die tiefe Sehnsucht jedes Kindes nach Märchen statt Maschinen. In Louisa May Alcotts klassischem Roman *Little Women* werden nicht nur die vier March-Schwestern, sondern auch die arme Familie deutscher Einwanderer mit bescheidenen, aber wohlüberlegten Weihnachtsgeschenken beschert – eine Art Deklaration der Werte einer demokratischen Gesellschaft.

Henry van Dykes Erzählung *Der vierte Weise* handelt von einem Weisen, der mit seinen Freunden loszieht, um dem Christuskind Geschenke zu bringen. Unterwegs wird er jedoch aufgehalten und spendet deshalb alle seine Gaben an Menschen, die andernfalls nicht überlebt hätten. So findet er am Ende doch noch den Weg zum Erlöser. Und O. Henrys bewegende Kurzgeschichte *Das Geschenk der Weisen* unterstreicht den Wert naiver Anbetung in einer übermäßig pragmatischen Welt. Gleichzeitig stellen Weihnachtsgeschenke besondere Symbole, sogar Prophezeiungen dar: Sobald die Kinder in C.S. Lewis' *Der König von Narnia* vom Weihnachtsmann neben Schwert, Pfeil und Bogen ein Heilelixier aus Feuerblumenextrakt annehmen, akzeptieren sie zugleich die ihnen zugedachten Aufgaben im Kampf gegen das Böse.

Die Kultur des Bescherens erfreute sich seit dem viktorianischen Zeitalter großer Beliebtheit und erhielt nach dem Ersten Weltkrieg eine besondere Bedeutung. Nun waren die Geschenke nicht mehr nur ein Ausdruck der Höflichkeit, sie erzählten darüber hinaus Geschichten: »Wir haben überlebt«, »Ich freue mich, dass du wieder hier bist«, »Danke, dass du gewartet hast«, »Hiermit hoffen wir auf eine Zukunft in Frieden und dass unsere Träume in Erfüllung gehen«. Das versehrte Europa beging die erste Nachkriegsweihnacht in großer Bestürzung. Fest entschlossen, dass dies der Krieg gewesen sei, »der alle Kriege beendet«, sahen Europäer in Weihnachten ein Symbol der Hoffnung auf ihre eigene Wiedergeburt.

Die durch ihre Kriegserlebnisse traumatisierten Europäer – Männer, Frauen und Kinder gleichermaßen – sehnten sich nach allem Festlichen wie nach einer lang entbehrten Medizin. Die weihnachtlichen Schaufenster der Geschäfte und Kaufhäuser verwandelten sich in Kunstwerke mit exquisiten elektrischen Lichterketten, mechanischen

Puppen und üppigen Dekorationen, die wie Requisiten auf Theaterbühnen ausgestellt wurden. Großzügigkeit war immer schon als Tugend betrachtet worden, doch nach dem Krieg umso mehr. Was aus heutiger Sicht wie eine Flucht in den Konsumismus anmuten mag, erschien damals als natürliche Reaktion auf die Zeit. Die Menschen liebten es, Geld auszugeben, ebenso wie sie die Dinge und Menschen mochten, für die sie es aufwandten. So sahen selbst Gesellschaften, die jede Extravaganz ablehnten, im Weihnachtseinkauf etwas ganz anderes – ein Erlebnis, das auf Hoffnung und Liebe beruhte.

Kinder, die vor wenigen Monaten oder Jahren von einem zusätzlichen Marmeladenbrot, von Bleistiften und Schreibheften oder Schuhen ohne Löcher nur träumen konnten, hatten nun die Möglichkeit, die Festtage in vollen Zügen zu genießen, selbst wenn ihren Eltern das nötige Geld fehlte, um ihnen neue Sachen zu kaufen. Viele Unternehmungen waren gratis – vor allem in den Kaufhäusern, die nicht mehr nur mit Waren lockten, sondern auch mit lustigen Veranstaltungen. So hatten in Großbritannien fast alle großen Warenhäuser eine *Santa's grotto*, deren Besuch für die Kinder zu einem beliebten vorweihnachtlichen Vergnügen wurde. Zeitungen druckten Fotos von Kindern, die mit entzückten Gesichtern und platt gedrückten Nasen durch die Schaufenster in festlich geschmückte Geschäfte guckten. In den frühen 1920er-Jahren schrieb die *Evening News* in Großbritannien sogar einen Wettbewerb für die am schönsten geschmückten weihnachtlichen Ladenfenster aus.

Selbst der zermürbende Zweite Weltkrieg konnte das Tempo, in dem neue Weihnachtstraditionen entstanden, nur kurz drosseln. In Ländern, in denen Weihnachten nicht verboten oder umbenannt (oder mit neuer Bedeutung versehen) worden war, kehrten die weihnachtlich dekorierten Geschäfte bereits in den frühen 1950er-Jahren zurück.

Aufgrund kommerzieller Einflüsse ist Weihnachten als Phänomen wirtschaftlicher Magie auch in nicht christlichen Ländern auf dem Vormarsch – vor allem in Japan, wo Weihnachten als Fest des Wohlstands gefeiert wird. Allerdings gilt dies nicht für jeden. Denn es gibt immer eine kleine Anzahl derjenigen, denen der Weihnachtsmann keine Süßigkeiten unter den Baum legt. Ihnen gibt er ein Schwert, einen Bogen oder einen Heilungstrank in die Hand, auf dass sie sich demjenigen an die Seite schlagen, der, wie C.S. Lewis schrieb, als Kind verkleidet auf die Erde kam, damit selbst im kältesten Winter der Welt Weihnachten werde.

SANKT NIKOLAUS UND VÄTERCHEN FROST

Jedes ukrainische Kind weiß, dass Sankt Nikolaus die Weihnachtsgeschenke bringt, doch niemand weiß allzu viel über ihn. Der erste Bericht über diesen Heiligen tauchte mehrere Jahrhunderte nach seinem Tod auf, doch Wahrheit und Fiktion lassen sich schon hier nur schwer unterscheiden.

Angeblich wurde er im Jahr 270 n. Chr. in Patara, einer Hafenstadt an der Südwestküste der heutigen Türkei, geboren. Von dort aus unternahm er eine Pilgerreise nach Ägypten und Palästina, und nach seiner Rückkehr wurde er Bischof von Myra, der Hauptstadt der östlichen römischen Provinzen. In seiner Zeit als Bischof wurde er Zeuge, wie sich das Christentum von einer verbotenen zur offiziellen Religion des Römischen Reichs entwickelte. In den frühen Jahren seines Amts, unter der Herrschaft des römischen Kaisers Diokletian (284–305), sah sich Nikolaus einer brutalen Verfolgung und einer Gefängnisstrafe ausgesetzt. Erst als Kaiser Konstantin (306–337) an die Macht kam und die Ausübung des christlichen Glaubens erlaubte, kam er frei. Obwohl sein Name nicht auf der Liste der anwesenden Bischöfe steht, gilt es als wahrscheinlich, dass Nikolaus ein Mitglied des ersten Konzils von Nizäa war, auf dem das sogenannte Große Glaubensbekenntnis verfasst wurde. Er starb im Jahr 343 im Alter von dreiundsiebzig Jahren in Myra.

Alles, was wir sonst noch von ihm wissen, stammt aus Legenden, von denen zwei besonders bekannt sind. Die erste erzählt von drei armen Schwestern, die keine Aussteuer besaßen und deshalb nicht heiraten konnten, weshalb Nikolaus ihnen des Nachts heimlich drei Säcke Gold durch ihre Fenster warf. In der zweiten Legende betritt Nikolaus eine Taverne und entdeckt, dass der niederträchtige Wirt drei Schüler ermordet und in einem Fass eingelegt hatte, um ihr Fleisch zu verkaufen. Nikolaus erweckte sie wieder zum Leben. Seither gilt er als Schutzheiliger der Schüler und Kinder sowie der nicht verheirateten Frauen, Seeleute, Böttcher, Prostituierten und reumütigen Diebe.

Nikolaus wurde in den Ländern des Byzantinischen Reichs, die zum Christentum konvertiert waren (das heißt in der orthodoxen Welt), heiliggesprochen. Insbesondere wurde er als der Schutzheilige Griechenlands und der Rus verehrt. Es gilt als wahrscheinlich, dass die älteste ruthenische Kirche in Kyjiw (ruthenisch ist das alte Wort für ukrainisch) dem heiligen Nikolaus gewidmet wurde. In der katholischen Welt wurde sein Name erst bekannt, nachdem Nikolaus' Geburtsstadt 1071 nach der Schlacht bei Manzikert von muslimischen Türken erobert worden war. Weil die Gefahr bestand, Christen könnte der Zugang zu seiner Grabstätte verwehrt werden, stahlen italienische Seeleute die Gebeine des Heiligen und brachten sie in die süditalienische Stadt Bari. Es heißt, sie verströmten den Duft wohlriechender Myrrhe, die als Manna des heiligen Nikolaus bezeichnet wurde. Im Jahr 2009 forderte die türkische Regierung Italien dazu auf, die Reliquien Nikolaus' nach Myra (ins heutige Demre) zu überführen, in die Stadt, in der er Bischof war und beerdigt wurde. Doch hat es Italien nicht eilig, die Gebeine des Heiligen herauszugeben.

Der Heiligen, wie oben erwähnt, wurde traditionell nicht an ihrem Geburtstag, sondern am Tag ihres Todes gedacht – an dem Tag, an dem sie in das ewige Leben eintreten. Für Nikolaus war dies nach dem gregorianischen Kalender der 6. Dezember oder, nach dem julianischen Kalender, der 19. Dezember. Zunächst hatte dieser Tag keinen direkten Bezug zu Weihnachten, doch ab dem 12. Jahrhundert wurde er als Vorbote der Weihnachtstage angesehen. Damals entstand die Tradition, dass die Kinder am Nikolaustag Geschenke unter ihren Kopfkissen, unter Weihnachtsbäumen oder aber in Socken fanden, die über dem Kamin hingen. Diese waren selbstverständlich den artigen Kindern vorbehalten – unartigen blieb die Rute. Meist jedoch brachte Nikolaus beides, Geschenke wie Ruten, und kein Kind kann sich an eine Gelegenheit erinnern, da er nur mit Ruten kam. In seiner großen Güte war es ihm unmöglich, einem Kind nichts zu schenken. Es entwickelte sich der Brauch, dass Kinder dem Nikolaus Briefe schrieben, in denen sie versprachen, brav zu sein, und sich dafür ein Geschenk wünschten.

Diese Tradition hatte in Italien ihren Ursprung und breitete sich von dort im gesamten katholischen Europa des Mittelalters aus.

Als jedoch die Protestanten die Verehrung aller Heiligen untersagten, überlebte der Kult von Nikolaus nur in den Niederlanden. Dort nannte man ihn *Sinterklaas*. In der Nacht des 6. Dezember segelte er mit seinem Gesellen, *Zwarte Piet* (Schwarzer Peter), von Spanien in die Niederlande, schwang sich auf ein weißes Pferd, sprang von Dach zu Dach und warf Süßigkeiten durch die Kamine, die direkt in die von Kindern bereitgestellten Schuhe und Socken fielen. *Zwarte Piet* kroch durch dieselben Kamine und legte weitere Geschenke neben die Betten. Die niederländische Tradition, nach der sich Weiße als *Zwarte Piet* mit schwarzen Gesichtern verkleiden, wird heute höchst kontrovers diskutiert. Proteste gegen diese Praxis führten in den letzten Jahren zu Veränderungen im Ablauf der niederländischen *Sinterklaas*-Umzüge.

Aus der Idee, dass Sankt Nikolaus den Kindern Geschenke bringt, entwickelte sich schließlich die Figur des Santa Claus. Sein Mythos verbreitete sich im Westen von New York, eine ursprünglich New Amsterdam genannte niederländische Kolonie – der Name Santa Claus ist eine Anglisierung des niederländischen Namens *Sinterklaas*. Auf diese Weise wurde Nikolaus zum einzigen Heiligen der katholischen Kirche, der in der protestantischen Welt überlebte. Er verleiht dem Weihnachtsfest einen zusätzlichen Zauber und macht es besonders für Kinder attraktiv, die an Heiligabend aus den lärmenden Straßen an den Herd der Familie zurückkehren.

Die ersten europäischen Siedler in Amerika waren eher säkular eingestellt, hielten jedoch an den Weihnachtstraditionen ihrer niederländischen und deutschen Heimat fest. New Amsterdam war wahrscheinlich der perfekte Ort, um einen neuen Weihnachtshelden, nämlich

Santa Claus, zu schaffen, der nostalgisch anmutende Volksbräuche und weltliche Tendenzen ebenso verkörperte wie die Einflüsse verschiedener christlicher Strömungen – ganz zu schweigen vom Konsumdenken, das zunehmend an Bedeutung gewann. Vom Namen abgesehen hat der moderne amerikanische Santa Claus wenig mit dem heiligen Nikolaus gemein. Man muss sich nur ihre Bilder ansehen, um die Unterschiede zu erkennen: Nikolaus wird als hagerer, grauer Asket mit ernsten Gesichtszügen dargestellt, während der rotwangige Santa Claus immer lächelt und einen auffällig runden Bauch vor sich herträgt.

Im Osten hatte der Brauch, Nikolaus Briefe zu schreiben und Geschenke von ihm zu erhalten, seinen Ursprung in Ländern unter katholischem Einfluss. Dies gilt insbesondere für die Westukraine. Hier entwickelte sich der Nikolaustag zum beliebtesten Feiertag für Kinder, die den heiligen Mann das ganze Jahr herbeisehnten. War der Tag gekommen, versuchten Kinder aus der ganzen Ukraine, möglichst lange wach zu bleiben, um einen Blick auf Nikolaus zu erhaschen, während dieser die Geschenke verteilte. Und die größte Enttäuschung der Kindheit bedeutete stets die Entdeckung, dass es den Nikolaus gar nicht gab und die Geschenke von den eigenen Eltern gebracht wurden. Die Größeren durften sich ihren jüngeren Geschwistern überlegen fühlen: »Nur Babys glauben noch an den Nikolaus!« Gleichzeitig war das Jahr, in dem Nikolaus ihnen keine Geschenke brachte, ein sicheres Zeichen dafür, dass die Kindheit zu Ende ging. Glücklicherweise bleiben aber selbst einige Erwachsene in ihren Herzen Kinder und hören nicht damit auf, sich gegenseitig zu beschenken.

Im Gegensatz hierzu wurde Nikolaus im Russischen Reich des frühen 20. Jahrhunderts und später in der UdSSR durch Santa Claus ersetzt. Erst nach dem Untergang des Kommunismus kehrte Nikolaus in die orthodoxe Welt zurück und verdrängte Santa Claus. Doch deutete vor allem in russischen und russischsprachigen Regionen nichts darauf hin, dass die Santa-Claus-Tradition vollständig aussterben könnte. Die Kinder, die zweimal Geschenke bekommen, profitieren hiervon am meisten: Am 19. Dezember beschert sie Nikolaus, am 1. Januar Santa Claus.

Der heilige Nikolaus war jedoch nicht der Einzige, der Kindern zu Weihnachten Geschenke brachte. In England übernahm diese Rolle Father Christmas, in Frankreich Père Noel, in Deutschland das Christkind und in Italien Babbo Natale.

In Italien bringt auch die gute Hexe Befana Geschenke. Doch anders als Babbo Natale tut sie dies nicht am Heiligabend, sondern am Vorabend des Dreikönigsfests. Ihr Name leitet sich vom Wort Epiphanias, einer anderen Bezeichnung des Dreikönigsfests, ab (orthodoxe Christen nennen diesen Feiertag *Wodóchreschtsche* oder *Jordan*). Im Unterschied zu Babbo Natale fliegt Befana auf einem Besen, steigt wie *Zwarte Piet* durch den Kamin in die Wohnungen hinab und hinterlässt den guten Kindern Geschenke, den bösen jedoch Asche.

Einer Legende zufolge kehrte Befana gerade ihr Haus, als die drei Könige vorbeizogen. Sie luden sie ein, mit ihnen nach Bethlehem zu gehen, doch weil sie ihren Hausputz beenden wollte, lehnte sie ab. Später bereute sie ihre Entscheidung. Seither durchwandert Befana die Welt und tut Gutes in dem Versuch, sich von dem ihr auferlegten Fluch zu befreien. Einmal im Jahr besucht sie heimlich die Häuser aller Kinder und starrt in ihre schlafenden Gesichter in der Hoffnung, unter ihnen das schlafende Jesuskind zu entdecken.

In der deutschen Folklore ist Befanas Entsprechung Frau Perchta (oder Frau Holle). Die *World Encyclopedia of Christmas* behauptet, dieselbe Figur existiere unter dem Namen Babuschka (Großmutter) auch in der russischen Folklore. Doch handelt es sich hier wohl um einen Fehler: Das Bild der Babuschka als russische Entsprechung der Befana ist eine späte literarische Erfindung aus einem Kinderbuch russischer Immigranten, das 1960 in den Vereinigten Staaten veröffentlicht wurde.

In Spanien werden die Geschenke am 5. Januar, dem Vorabend des Dreikönigstages, von den drei Königen gebracht. Sie kommen auf Pferden oder Kamelen und bescheren die Kinder, während sie in ihren Betten schlafen. In Griechenland übernimmt diese Rolle manchmal der Heilige Basilius (einst Bischof von Caesarea in Kappadokien, 329–379), dessen Namenstag auf den 14. Januar (und damit nach dem julianischen Kalender auf den Neujahrstag) fällt.

Es wird allgemein angenommen, dass die sowjetische Regierung Religion und religiöse Symbole nicht tolerierte und deshalb den heiligen Nikolaus durch die sowjetische Erfindung des *Djed Moros* (Väterchen Frost) ersetzte. Dies ist jedoch nur die halbe Wahrheit: Die sowjetischen Behörden haben Nikolaus zwar tatsächlich durch *Djed Moros* ausgetauscht, sie haben diesen jedoch nicht erfunden.

Wie bei fast allen weihnachtlichen Symbolen und Figuren sind auch die Ursprünge von *Djed Moros* in einen Nebel der Ungewissheit gehüllt. Einige Stimmen führen ihn auf die slawisch-heidnische Mythologie zurück, wo er als Koljada, Gott des Winters, bekannt war. Problematisch an dieser Geschichte ist jedoch, dass wir keinen Beweis besitzen, dass ein solcher Gott in der slawischen Mythologie überhaupt existierte. Der einzige Text, in dem Koljada erwähnt wird, ist die Husjatyn-Chronik, eine Geschichte der Ukraine, die im 17. Jahrhundert zu einer Zeit verfasst wurde, als sich die römisch-katholischen Einflüsse im Land rasch ausbreiteten. Es ist möglich, dass der Autor der Chronik den lateinischen Kalender mit slawischem Einschlag übersetzte und deshalb Koljada erfand. Leider sind nur sehr wenige Texte der Rus erhalten geblieben, weshalb wir weniger über sie wissen als über jede noch so kleine Dynastie im alten Ägypten – und noch weniger wissen wir über die vorruthenische, die sogenannte slawisch-heidnische Zeit. Es genügt, darauf hinzuweisen, dass diejenigen, die von der Existenz Koljadas in der slawischen Mythologie sprechen, auch das *Buch von Veles* zitieren, ein angeblich antiker Text, der die slawische Geschichte und Religion detailreich beschreibt, tatsächlich jedoch eine bekannte literarische Nachdichtung ist.

Das 19. Jahrhundert war das goldene Zeitalter solcher Fälschungen. Es war die Zeit des Nationalismus, und jede Nation erfand ihre eigenen Traditionen. *Djed Moros,* wie wir ihn kennen, steht mit dem deutschen Nationalismus in Verbindung. Dieser war eine revolutionäre Befreiungsbewegung, die nur wenig mit Hitlers Nationalsozialismus gemein hatte. Das Bild des *Djed Moros* tauchte am Vorabend der Revolution von 1848 auf, als deutsche Liberale versuchten, Deutschland – einschließlich der deutschsprachigen Gebiete Österreichs – unter demokratischen Parolen zu vereinen.

Der Schöpfer dieses Bildes war der österreichische Künstler Moritz von Schwind. Im Jahr 1947 illustrierte er ein satirisches Gedicht seines Landsmannes Hermann Rollett über die Abenteuer des Herrn Winter. In von Schwinds Zeichnungen wird Herr Winter als älterer Mann mit langem grauem Bart in Kapuzenumhang dargestellt, der einen Weihnachtsbaum im Arm trägt. Heiligabend geht er von Tür zu Tür, bittet um Nachtasyl und bietet zum Dank für die Gastfreundschaft seinen Weihnachtsbaum an. Doch alle – seien es geizige Bauern, wohlhabende Bürger, oder Adelige – sagen ihm, er solle weiterziehen. Alle feiern Weihnachten an festlich geschmückten Tischen mit Geschenken, Gesängen und Tanz, niemand jedoch erinnert sich oder versteht den wahren Geist der Weihnacht. Die Geschichte vom Herrn Winter erinnert sehr an Charles Dickens *Weihnachtsgeschichte*. Doch anders als in Dickens' Erzählung hat sie kein gutes Ende – das Los des Herrn Winter war ein Vorbote des Schicksals eines vereinten, aber unglücklichen Deutschlands.

Etwa zur selben Zeit erschien *Morosko* auf der Bildfläche, der russische Prototyp von *Djed Moros*. *Morosko* ist der böse Geist des Winterwaldes, der alle Menschen, denen er begegnet, in Eissäulen verwandelt. Genauso wird Moros in Nikolai Nekrassows Gedicht »Waldkönig Frost« (1864) dargestellt: Die arme Bauernwitwe Daria sammelt im Wald Reisig, doch trifft sie dort zu ihrem Unglück auf Moros, der sie erfrieren lässt.

Im Jahr 1873 schrieb der russische Dramatiker Alexander Ostrowski das Stück *Schneeflöckchen (Snegurotschka)*, für dessen erste Fassung Tschaikowski die Musik verfasste. Es basiert auf einem Märchen über die unglückliche Liebe zwischen dem weiblichen Waldgeist Snegurotschka und Lel, einem Dorfhirten. Doch die Liebe erwärmt Schneeflöckchens Herz, und sie schmilzt. Im Stück ist Moros der Vater des Schneeflöckchen, der ihr zu Hilfe eilt. Dem Schauspiel war zunächst nur bescheidener Erfolg beschieden, bis es 1882 als Oper des russischen Komponisten Nikolai Rimski-Korsakow erneut auf die Bühne kam. Das Bühnenbild für die Premiere gestaltete der russische Künstler Wiktor Wasnezow, und das Kostüm des Moros wurde von Roerich entworfen. So kann man in *Djed Moros* ein Werk der säkularen russischen Kultur erblicken, das zu einer Zeit geschaffen wurde, als Russland seine nationalen Traditionen erfand.

Djed Moros wurde Russlands säkularer Nationalheld und ersetzte als solcher seinen religiösen Schutzheiligen Nikolaus. Vor allem in den Familien säkularer Intellektueller setzte die Figur sich durch, während unter den meisten Gläubigen Russlands, darunter der Bauernschaft, Nikolaus die wichtigste weihnachtliche Symbolfigur blieb.

Die Bolschewiken haben *Djed Moros* also nicht erfunden, sie haben ihn lediglich in ihre säkulare Kultur eingeführt. Und auch das nicht sofort: Noch bis in die 1030er-Jahre stand *Djed Moros* nicht gerade in der Gunst der Kommunisten, die Weihnachten und Neujahr als bourgeoise Feiertage einstuften. Als das Neujahrsverbot 1935 aufgehoben wurde, durchlief ein wiedergeborener Moros eine weitere Metamorphose: Aus seiner Tochter Schneeflöckchen wurde seine Enkelin – und *Djed Moros* sah zunehmend aus wie Santa Claus.

Wie die meisten Weihnachts- und Neujahrssymbole hat *Djed Moros* vielfältige Bilder aus unterschiedlichen Kulturen in sich aufgenommen, darunter auch jenes das heiligen Nikolaus, und war schließlich für die Bescherung der Kinder zuständig. Von Sowjetrussland aus hielt *Djed Moros* Einzug in allen ländlichen Gebieten der UdSSR – er erreichte selbst Volksgruppen, die weder Frost noch Schnee kannten und zu keinem Zeitpunkt Christen waren. Er reiste in die kommunistischen Satellitenstaaten Mitteleuropas wie die DDR, geriet dort aber mit dem Fall des Kommunismus und der Wiedervereinigung Deutschlands bald in Vergessenheit.

Djed Moros ist im postkommunistischen Russland und anderen ehemaligen Sowjetrepubliken bis heute beliebt. Doch in den Ländern, die sich vom Kommunismus abgewendet haben, etwa in den baltischen Staaten und in der Ukraine, wurde *Djed Moros* von Nikolaus verdrängt. Damit werden wir Zeugen eines Kulturkampfes zwischen diesen beiden Symbolen. Die Zukunft von *Djed Moros* hängt von der Zukunft Russlands ab: Sollte das Land je eine normale Demokratie werden, könnte *Djed Moros* vielleicht wegschmelzen wie Schneeflöckchen.

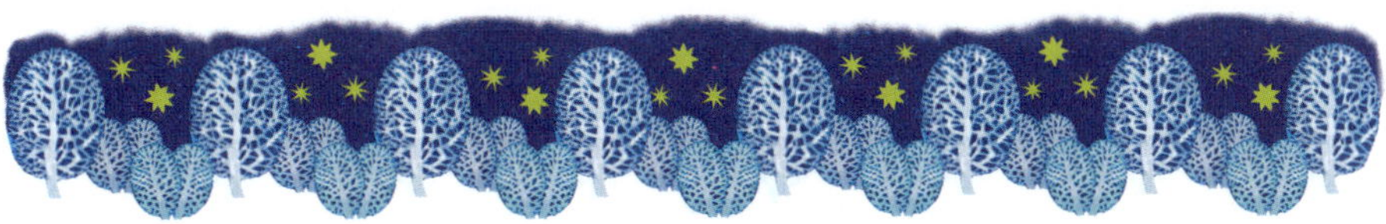

WEIHNACHTSVERBOT

Marx nannte die Religion »das Opium des Volkes«, und die Bolschewiken waren militante Atheisten. Alles, was mit dem Christentum zu tun hatte, unterlag Verboten und Repressionen. Ein ungewöhnliches Foto aus den 1920er-Jahren zeigt den Marsch kleiner Kinder, die sich für die Abschaffung von Weihnachten einsetzten. Sie hielten ein Plakat hoch, auf dem stand: »Eltern, verwirrt uns nicht, feiert kein Weihnachten und stellt keinen Weihnachtsbaum auf.«

Dabei ging es in den 1920er-Jahren noch vergleichsweise friedlich zu. Der wichtigste Angriff auf die Religion erfolgte während des sogenannten ›Großen Sprungs nach vorn‹ von 1932 bis 1933, als der Sozialismus mit aller Macht durchgesetzt wurde. Nicht nur Weihnachten, sondern alle Festtage wurden aus dem offiziellen sowjetischen Kalender entfernt. Dies geschah mithilfe einer Sonderresolution der sowjetischen Regierung aus dem Jahr 1930, die alle Feiertage verbot und die Sechstagewoche einführte. Stattdessen wurden für den 6., 12., 18., 24. und 30. Tag jeden Monats arbeitsfreie Tage geschaffen. »Der Große Sprung nach vorn« sollte zum Aufbau eines einzigen Landes, der UdSSR, und zum weltweiten Siegeszug des Sozialismus führen.

Hatten die Bolschewisten versucht, eigene Feiertage zu begründen, um neue, revolutionäre Bürger heranzubilden, so setzten die Nazis darauf, deutsche religiöse Feiertage nach ihren eigenen ideologischen

Bedürfnissen zu reformieren. Mit Hitlers Aufstieg zur Macht im Jahr 1933 wurde die Warmherzigkeit, die Christi Geburt verströmte, missbraucht, um die Solidarität mit der »arischen Rasse« und die Loyalität zum »Führer« zu besingen.

Die Nationalsozialisten waren insbesondere empört über das Bild Jesu als jüdisches Kind der jüdischen Eltern Maria und Josef. Infolgedessen wurden christliche Symbole der Weihnachtszeit durch vorchristliche, nordische Bilder ersetzt. An die Stelle Christi trat der arische Gott Odin; die heilige Familie, Ochse und Esel aus deutschen Krippen wurden vom Bild des alten deutschen Waldes mit seinen Rehen und Hasen abgelöst; statt mit einem Weihnachtsstern wurde der Tannenbaum nun mit einem Hakenkreuz geschmückt, und Weihnachtslieder wie »Stille Nacht« wurden so umgeschrieben, dass sie keine christlichen Bilder und Symbole mehr enthielten. Die Aufführung von Weihnachtsliedern in ihrer ursprünglichen, christlichen Version wurde als Manifestation politischer Illoyalität interpretiert.

Doch wie erfolgreich waren diese Versuche der Nazis, Weihnachten zu »nationalisieren«? Auf der einen Seite gab es insbesondere für Frauen und Kinder nationalsozialistische Organisationen wie die Hitlerjugend, die aggressiv gegen die christlichen Symbole von Weihnachten kämpften. Doch andererseits wurden während der gesamten zwölf Jahre nationalsozialistischer Herrschaft auch Proteste von der katholischen und (zu einem geringeren Grad) der evangelischen Kirche laut. Zwar gab es auch katholische Priester und protestantische Pastoren, die vorgaben, das nicht christliche Wesen der Nazis nicht zu bemerken (insbesondere deren Angriffe auf das Weihnachtsfest), und sie unterstützten, doch zwischen diesen beiden Extremen gab es eine große Zahl Deutscher, die auf Weihnachten als christlichen Feiertag nicht verzichten konnte oder wollte und das Fest weiterhin wie davor feierte. Und als von den Frontlinien Berichte über deutsche Niederlagen das Land erreichten, ließ auch die Wirksamkeit der Nazipropaganda deutlich nach.

Im Jahr 1935 verkündete Stalin, dass der Sozialismus in der UdSSR in großen Teilen verwirklicht sei. »Das Leben ist besser geworden, das Leben ist fröhlicher geworden«, verkündete er. Am 28. Dezember 1935 veröffentlichte das Zentralorgan der Partei, die *Prawda*, einen Brief des Zweiten Sekretärs der Kommunistischen Partei der Ukraine (und einer der Organisatoren der ukrainischen Hungersnot), Pawlo Postyschew, in dem dieser dazu aufrief, für die Kinder prächtige Weihnachtsbäume aufzustellen. In vorrevolutionären Zeiten, schrieb er, hätten die Bourgeoisie und bourgeoise Beamte für ihre Kinder Weihnachtsbäume besorgt, die für Neujahr mit farbenfrohem Spielzeug behängt gewesen seien, und die Kinder der Arbeiter hätten voller Neid durch die Fenster der Reichen auf deren Vergnügungen gestarrt. Warum sollten sowjetische Schulen, Waisenhäuser und Kindergärten sowjetischen Kindern solche Freuden vorenthalten? Die Ablehnung des Weihnachtsbaums als bourgeoises Relikt müsse aufhören, und die Vorstände sowjetischer Institutionen hätten zusammen mit Mitgliedern der kommunistischen Jugendorganisation Komsomol den sowjetischen Baum in allen Städten und Kolchosen zum Leuchten zu bringen.

Einen solchen Brief konnte Postyschew nicht ohne Zustimmung seiner Vorgesetzten geschrieben haben. Einer Version zufolge war Stalins Tochter Swetlana eingeladen, Weihnachten in der britischen Botschaft in Moskau zu feiern. Sie kehrte ganz begeistert von den Herrlichkeiten zurück, die sie dort gesehen hatte. Insbesondere der Glasschmuck und die Kerzen des Weihnachtsbaums hatten es ihr angetan. Sie begann, ihren Vater anzuflehen, den Weihnachtsbaumbann aufzuheben und den sowjetischen Kindern die Freuden der Winterfeiertage zurückzugeben. Einer weiteren Version zufolge fuhr einer der führenden Sowjets mit Stalin im Auto. Er beschwerte sich darüber, dass Moskau so grau sei, und bemerkte, dass es gut wäre, allen Moskowitern Weihnachtslichter und -bäume zu erlauben. Stalin gefiel die Idee, und so befahl er eine »Initiative«.

Was auch immer zutreffen mag, im Jahr 1936 wurde das Neujahrsfest offiziell wieder eingeführt. Dennoch blieb der 1. Januar ein Werktag – erst 1947, nach dem Zweiten Weltkrieg, wurde er zum Feiertag erklärt. Das sowjetische Neujahrsfest sollte das christliche Weihnachten ersetzen. Zu diesem Zweck führten die Sowjets Santa Claus ein (anstelle des vorrevolutionären Nikolaus), der von seiner Assistentin Schneeflöckchen begleitet wird. Den achteckigen Weihnachtsstern ersetzten sie durch einen siebeneckigen roten Stern. Auch wurden die alten Lieder wiederbelebt, allerdings mit geänderten Texten, in denen Lenin den Platz Jesu einnahm, statt »neue Freude« »neuer Rat« (Sowjetmacht) gesungen wurde und so weiter.

Die Menschen, die sich dem widersetzten und Weihnachten feierten, zahlten dafür einen hohen Preis, indem sie die Bescheinigung über die Mitgliedschaft in der Kommunistischen Partei verloren. Das war damals eine furchtbare Strafe, denn wer unter Stalin aus der Partei ausgeschlossen wurde, wurde zum »Volksfeind« erklärt und aus vielen Bereichen des normalen Lebens ausgeschlossen.

Wer Weihnachten in der UdSSR veranschaulichen möchte, erzählt am besten echte Geschichten darüber, auch wenn sie nur schwer zu verdauen sind. Viele Memoiren aus den 1930er- und 1940er-Jahren enthalten Episoden der Grausamkeit und Gewalt, in denen Aufstieg

und Fall des menschlichen Geists aufscheinen. Der Gulag-Häftling und polnische Schriftsteller Gustav Herling-Grudziński beschrieb, wie sogar die »Totenhalle« – ein Ort, in den die »Verkümmerer« geschickt wurden, um einen langsamen Tod im Lager zu sterben – zu Weihnachten festlich geschmückt wurde. Die todgeweihten Gefangenen grüßten einander mit von Tränen geröteten Augen: Wenn sie sich »Alles Gute – nächstes Jahr auf freiem Fuß« zuriefen, sprachen sie nicht von der tatsächlichen Freiheit, sondern vom Tod.

In einer anderen Geschichte über einen Weihnachtsabend nach dem Krieg fuhren Studenten aus der Westukraine mit dem Zug von ihren Dörfern zurück an die Universität von Lwiw, da sie suspendiert werden konnten, wenn sie an religiösen Feiertagen den Vorlesungen fernblieben. In den Waggons brannte kein Licht, und so begann einer, »Eine neue Freude ist gekommen« zu singen. Nach dem ersten Weihnachtslied stimmte ein anderer schüchtern ein zweites an: »Habt Ihr gehört, Ihr Menschen«. Andere begannen, ihn zu begleiten: »Unsere Mutter Ukraine lag in Ketten«. Plötzlich war von der Mitte des Waggons die Stimme eines Mannes zu hören: »Haltet den Mund!« Irgendjemand in ihrer Nähe zündete nervös ein Streichholz, doch die Studenten hinter ihm bliesen es aus. Am nächsten Bahnhof rannte der Mann aus dem Zug und kam mit einer Laterne und einem NKWD-Beamten (Volkskommissariat für innere Angelegenheiten) zurück. »Wer hat damit begonnen?« Die Jungen zuckten die Schultern: »Keine Ahnung … Es war dunkel, und wie Sie sehen, sitzen hier eine Menge Leute.«

Die Macht traditioneller Weihnachtslieder spiegelt sich auch in der Geschichte Iwan Koslowskis, von dem es hieß, dass er Stalins Lieblingssänger gewesen sei. Der ehemalige sowjetische Außenminister Andrei Gromyko erinnerte sich, dass, »wenn Mitglieder des Politbüros

mit Nachdruck ihren Wunsch äußerten, Koslowski solle ein fröhliches Volkslied singen, Stalin ruhig, aber so, dass jeder es hören konnte, entgegnete: ›Warum sollen wir den Kameraden Koslowski unter Druck setzen? Lasst ihn aufführen, wonach es ihm beliebt. Und er will nun einmal die Arie des Lenski aus Tschaikowskis Oper *Eugen Onegin* singen.‹ Alle einschließlich Koslowski lachten. Sofort stimmte er die Arie an, und alle erfreuten sich an Stalins Humor.«

Es wäre müßig, sich den Sänger als ein Opfer von Stalins Launen vorzustellen – Koslowski sprach mit einem Respekt von Stalins Musikverständnis, der an Bewunderung grenzte. Doch lautet die Frage: Was hätte Koslowski gesungen, wenn er wirklich eine Wahl gehabt hätte?

Die Antwort gab er auf einem Jubiläumskonzert, das am 18. Januar 1970 zu Ehren seines 70. Geburtstags im Moskauer Bolschoi-Theater stattfand. In der Ukraine ist dies der Tag des zweiten Heiligen Abendmahls, an dem noch einmal Weihnachtslieder gesungen werden, und Koslowski hat dies mit Sicherheit gewusst. In seinen Memoiren schrieb er, er sei mit ukrainischen Weihnachtsliedern aufgewachsen und habe sie als Kind jedes Jahr gesungen.

Als Koslowski das Jubiläumskonzert gab, befand sich die UdSSR noch in einer Phase der Liberalisierung, die nach Stalins Tod eingesetzt hatte. Ein oder zwei Jahre später kam es in der Sowjetunion zu einer erneuten Verhaftungswelle, die später »das große Pogrom« genannt werden sollte. Doch das konnte Koslowski nicht gewusst haben, außerdem hatte er als zweimaliger Gewinner des Stalinpreises, der alles im Leben erreicht hatte, nichts zu befürchten. Deshalb begann Koslowski im letzten Teil des Konzerts, Weihnachtslieder zu singen. Als Erstes sang er »Der wunderbare Stern naht«. Es folgten »König Herodes verfolgt Christus«, »Guten Abend Dir, mein Herr«, »Eine neue Freude ist gekommen« und »Die Botschaft ist um die Welt gegangen«. Das Konzert endete mit einer Aufführung von »Mnohaja Lita« (»Viele Jahre«), und man berichtet, dass Koslowski von der Bühne stieg, durch die Halle schritt und im Publikum Weizen aus Maryaniwka verstreute, einem Dorf der Kyjiwer Region, in dem er aufgewachsen war.

Das Außergewöhnlichste an dieser Geschichte war, dass das sowjetische Plattenlabel »Melodija« eine Aufnahme des Konzerts offiziell veröffentlichte. Das Album bestand aus vier Schallplatten, die Weihnachtslieder befanden sich auf der B-Seite der letzten Scheibe. Dies war das erste und einzige Mal, dass ukrainische Weihnachtslieder in der UdSSR öffentlich und ohne Zensur aufgeführt wurden. Das Album wurde nicht nur nicht verboten, sondern sogar zweimal veröffentlicht: zunächst 1970, unmittelbar nach dem Jubiläum, ein weiteres Mal 1974. Wie jedes gute Produkt aus der UdSSR wurde es über Beziehungen unter den Ladentischen verkauft.

Typischerweise nahm man sich in der Sowjetunion ein Volkslied vor, änderte den Text so, dass er kommunistisch klang, und präsentierte es als Volkskunst. So enthält etwa das ukrainische Weihnachtslied »Guten Abend Dir, mein Herr« die Worte »Oh Freude auf Erden, Gottes Sohn ist geboren«. In der Sowjetunion wurde aus dieser Zeile »Oh Freude auf Erden, Lenin ist geboren«. Doch auf dem Jubiläumskonzert sang Koslowski es richtig – mit den Worten »Gottes Sohn«. Iwan Koslowski mag Stalins Lieblingssänger gewesen sein, doch an diesem Abend sang er ein Loblied Gottes.

Nach Stalins Tod im Jahr 1953 begannen die Parteiführer, für das Radio Neujahrsbotschaften aufzunehmen. In den 1970er-Jahren wurde es üblich, dass die Menschen sich zur Neujahrsfeier um ihre mittlerweile weitverbreiteten Fernsehgeräte drängten. Am 31. Dezember 1970 wünschte der Generalsekretär der UdSSR, Leonid Breschnew, in seiner erstmals im Fernsehen übertragenen Neujahrsbotschaft den Zuschauern ein »unvergessliches Jahr«. Schließlich wurde sogar der »sowjetische Champagner« günstiger – man hatte begonnen, seine Herstellung zu automatisieren. Und im Jahr 1986 begrüßte zum ersten Mal der US-Präsident Ronald Reagan die Sowjetbürger im Fernsehen, während sich der sowjetische Generalsekretär Michail Gorbatschow an das amerikanische Publikum richtete.

СССР

WEIHNACHTSFRIEDEN

Weihnachten erweckt selbst unter Feinden Gefühle der Verbundenheit. Es vereint auch jene Menschen, die es an anderen Tagen vorziehen, einander durch das Visier ihrer Maschinengewehre zu betrachten. Es hält auch eine Warnung für alle Regierungen bereit, die wie Stalins Regime glauben, für immer an der Macht bleiben zu können: Jeder Herodes kann gestürzt werden.

Der Beginn des Ersten Weltkriegs ging mit patriotischen Kundgebungen und dem Irrtum einher, dass der Krieg kurz sein werde und die Truppen bis Weihnachten siegreich nach Hause zurückkehren würden. Die militärischen Tatsachen bereiteten dieser Illusion jedoch ein schnelles Ende – der Krieg sollte lange dauern. Keine Seite hatte einen entscheidenden Vorteil, und trotz aller blutiger Schlachten bewegten sich die Frontlinien nur sehr langsam. Oftmals veränderten sie sich über Wochen oder Monate überhaupt nicht. Wie britische Offiziere ironisch bemerkten: Würde der Krieg mit dieser Geschwindigkeit fortgesetzt, bräuchte die Armee 180 Jahre, bis sie den Rhein erreichte.

Schon im Herbst 1914 kam es an mehreren Abschnitten der Westfront zu spontanen Waffenstillständen. Ihren Höhepunkt erreichten sie am Heiligabend, als der Frost die Böden der versumpften Schützengräben erträglicher machte. Der deutsche Kaiser befahl, hunderttausend Weihnachtsbäume an die Front zu schicken, um den Kampfgeist seiner Soldaten zu steigern, doch zeitigten die Bäume eine gegenteilige Wirkung. Sie erinnerten deutsche Soldaten an die Wärme, die ihre Elternhäuser in der Weihnachtszeit verströmten.

Zu Heiligabend begannen die Deutschen, Weihnachtslieder zu singen. Da die gegnerischen Schützengräben fünfzig bis hundert Meter voneinander entfernt lagen und die eisige Luft den Schall gut leitete, konnte man ihren Gesang auch auf der anderen Frontseite hören, und die britischen Soldaten begannen, mit ihren eigenen Weihnachtsliedern zu antworten. Einige, wie »Stille Nacht« (»Silent Night«) oder »Adeste Fideles« (»O Come, All Ye Faithful«), waren in beiden Sprachen bekannt und erwiesen sich als ideales Instrument der Völkerverständigung. Nach den Gesängen wünschten sich beide Seiten eine frohe Weihnacht. Am nächsten Tag, dem ersten Weihnachtsfeiertag, schossen beide Seiten nicht auf den Feind, sondern in die Luft. Sie trafen sich auf neutralem Boden, tauschten Lebensmittel und Andenken aus und versuchten, einander zu verstehen. Wie sich herausstellte, hatten viele deutsche Soldaten vor dem Krieg in Großbritannien gearbeitet, weshalb sie glücklicherweise über Grundkenntnisse der englischen Sprache verfügten.

Es gab Gerüchte, dass britische und deutsche Soldaten sogar gegeneinander Fußball gespielt hätten, doch hätten höhere Offiziere das Spiel beendet, indem sie ein Ende der Feuerpause befahlen und jene Soldaten bestraften, die an der Partie teilgenommen hatten. In einer Version der Geschichte, die der britische Dichter Robert Graves 1962 veröffentlichte, besiegten die Deutschen die Briten mit drei zu zwei

Toren, doch nur weil der Schiedsrichter, ein anglikanischer Priester, zu viel christliche Nächstenliebe an den Tag legte und den Deutschen ein Abseitstor zusprach.

Die Episode des weihnachtlichen Fußballspiels wurde in Denkmälern in Großbritannien und Frankreich verewigt. Vielen kam die Idee dieses Weihnachtsfriedens unglaublich vor, zumal der Krieg sich in die Länge zog. In den meisten Fällen spielten die Soldaten nicht gegen ihre Feinde, sondern gegen die eigenen Kameraden, und keiner von ihnen wurde dafür bestraft.

Doch tatsächlich hielten sich etwa hunderttausend Soldaten und Offiziere aus beiden Reihen an den Weihnachtsfrieden von 1914. Es gab auch Versuche, sich abseits der Frontlinien zu versöhnen. Britische Suffragetten schickten einen Weihnachtsbrief »An die Frauen von Deutschland und Österreich«, und Papst Benedikt XV. rief beide Seiten dazu auf, »die Waffen wenigstens in der Nacht, da die Engel sangen, ruhen zu lassen« – doch wurden diese Initiativen von den Verantwortlichen unterbunden.

Man vermutet, die Soldaten hätten, als sie Weihnachten an der Front feierten, von einem ähnlichen Vorfall gewusst, der sich fast fünfzig Jahre zuvor während des preußisch-französischen Kriegs von 1870/71 ereignet haben soll. Als an Heiligabend 1870 die Kirchenglocken einer kleinen Stadt in Frontnähe läuteten, stellten die Soldaten auf beiden Seiten und ohne Absprache das Feuer ein und stimmten Weihnachtslieder an. Am nächsten Tag wurden die Kämpfe wieder aufgenommen.

Dennoch bleibt Weihnachten 1914 einmalig. In den Jahren 1915 bis 1917 gab es an der Westfront vereinzelte Fälle eines Weihnachtsfriedens, doch da die Befehlsgewalt zunehmend zentralisiert worden war, war keiner von ihnen so umfassend wie jener von 1914. Auch an der Ostfront kam es zu Waffenstillständen, so etwa zwischen bulgarischen und griechisch-orthodoxen Soldaten. Der berühmteste wurde in Przemyśl ausgerufen, wo ein österreichischer Militärverband eine örtliche Festung gegen russische Truppen verteidigte. In der Nacht zum 25. Dezember stellten die Österreicher das Feuer ein, und die Russen taten es ihnen gleich. Auf russischer Seite wurde ein Plakat mit der Botschaft »Wir wünschen euch, Helden von Przemyśl, frohe Weinachten und hoffen, wir können so bald als möglich Frieden schließen« aufgehängt. Anschließend trafen sich Soldaten beider Lager auf neutralem Territorium und tauschten Geschenke aus. Dasselbe wiederholte sich zwei Wochen später während des orthodoxen Weihnachtsfestes.

Im Zweiten Weltkrieg waren solche Formen der Waffenruhe undenkbar. Erstens führten beide Seiten Krieg, um sich gegenseitig zu vernichten, und zweitens war es ausgeschlossen, mit der Roten Armee Weihnachten zu feiern. Doch enthalten die Memoiren von Nata Łenko eine Episode aus den frühen Nachkriegsjahren, als Banderisten, Soldaten der Ukrainischen Aufständische Armee (UPA), in Sakersonje (ein ethnisch ukrainisches Gebiet innerhalb Nachkriegspolens) einen Waffenstillstand mit Soldaten der Roten Armee aushandelten: »Am Heiligabend treffen sich Banderisten und die Rote Armee zufällig in einem der Häuser von Angesicht zu Angesicht. Erstere sitzen bereits am Tisch, als Letztere das Haus betreten. Statt auf sie zu schießen, lädt einer die anderen an den Tisch. Nach dem Abendessen will der sowjetische Offizier den Rebellen für ihre Gastfreundschaft danken und ihnen seine Pistole schenken. Sie nehmen sein Angebot nicht an: Es gehört sich nicht für einen Soldaten, ohne Waffe zu sein.«

Vielleicht kam es zu weiteren Begegnungen wie dieser, doch auf jeden Fall war der Weihnachtsfriede von 1914 eine leuchtende Episode

heart
home
mother

in der Geschichte der Kriege des 20. Jahrhunderts. Ereignisse wie diese waren im alten, christlichen Europa möglich, als die Kriegsparteien noch vom Aufruf der Kirchen geleitet wurden, während der hohen Feiertage ein Blutvergießen zu vermeiden. In diesem Sinne war der Waffenstillstand von 1914 ein letztes Aufflackern eines alten ritterlichen Ethos. Der Weihnachtsfriede von 1914 entwickelte sich nach den Weltkriegen zu einem beliebten Motiv der Massenkultur – etwa in Filmen wie *Joyeux Noël* (2005) und in Popsongs wie Paul McCartneys »Pipes of Peace« (1983). Und dies ist kein Zufall. Nachkriegseuropa wurde nach der Maxime »Nie wieder Krieg« aufgebaut.

Leider lehrt uns die Weltgeschichte, dass der Krieg die Regel und der Frieden die Ausnahme darstellt – Tyrannen sterben und neue werden geboren. Die Gewalt breitet sich aus, und unschuldige Menschen werden ermordet. Dennoch muss an die Ausnahme erinnert, sie muss aufrechterhalten werden, damit sie zur neuen Regel werden kann. In Zeiten wie diesen, die die Menschen der Ukraine heute durchleben, stößt die Weihnachtsgeschichte auf besonders große Beachtung. Gott sandte ein verletzliches Kind auf die Welt, um Frieden zu bringen und uns daran zu erinnern, dass in Zeiten eines echten Friedens auch den Armen, Schwachen und Niedergeschlagenen Gerechtigkeit widerfahren sollte. Der Opfer des Krieges muss gedacht werden, die Tyrannen müssen stürzen. Der Friede ist es wert, dass für ihn gekämpft wird, und er muss bewahrt werden. Das Mysterium der Weihnacht birgt die Hoffnung darauf.

EINE ANMERKUNG ZUM UMSCHLAG

Während ich am Umschlag für *Ukrainische Weihnacht* arbeitete, wollte ich vor allem, dass er festlich aussieht. Die Pflanzen- und Blumenmotive wie auch die Verzierungen sind tief in der ukrainischen Kunst verwurzelt. Sie wurden sowohl in guten Zeiten wie in Zeiten von Krieg und Leid hergestellt und halfen Ukrainern und Ukrainerinnen, ihre Identität zu bewahren und ihre Erinnerungen wachzuhalten. Sie harmonieren sehr gut mit dem Weihnachtsfest und der Geburt neuen Lebens. Komme, was wolle.

Olena Starantschuk

BILDNACHWEIS

Seiten 1, 13, 14, 28, 30–31, 33, 36, 40–43, 49, 54, 56–57, 59, 78, 84, 87, 99, 122 © Lusya Stetskowytsch; Seiten 2, 6, 60, 64–65, 70, 72–73, 77, 81, 83, 88, 90, 97, 101, 102, 119, 121, 128 © Juliya Nesmejanowa; Seiten 3, 8, 11, 16, 19, 22, 25, 46–47, 63, 94, 95, 109, 111, 113, 114, 116 © Julia Tveritina; Seiten 5, 21, 27, 35, 44, 66, 69, 75, 82, 107 © Kateryna Borysyuk

ÜBER DIE ILLUSTRATORINNEN

Olena Starantschuk schuf das Umschlagbild für dieses Buch. Sie ist seit 2014 Grafikdesignerin, Illustratorin, Mitbegründerin und Kuratorin des Pictoric Illustrators Club aus der Ukraine. Olena erhielt ein Stipendium vom polnischen Ministerium für Kultur und nationales Erbe, »Gaude Polonia«. Sie hat 2018–2020 den »Best Book Design Award« gewonnen und arbeitet für ukrainische und europäische Verlage.

Julia Tveritina (@yuliiatveritina) ist Grafikerin, Malerin, Illustratorin und vor allem für ihr gezeichnetes Kriegstagebuch bekannt. Sie wurde 1986 in Kyjiw geboren. Sie hat ihren Master an der Nationalen Akademie der Bildenden Künste und Architektur erworben, wo sie auch ein Assistenzpraktikum absolvierte. Julia erhielt ein Stipendium des Präsidenten der Ukraine für junge Künstler, und im Jahr 2015 wurde sie mit der Silbermedaille der ukrainischen Akademie der Künste und des Kulturministeriums für die beste Masterarbeit in grafischen Techniken ausgezeichnet. Für das Buch *Girls Power* erhielt sie 2018 zusammen mit Anna Sarvira den »Best Book Design Award« im Mystezkyj Arsenal. Sie lehrt an der Suzhou Universität Illustration und wird zu zahlreichen internationalen Ausstellungen eingeladen. Julias Werk wurden bereits mehr als zwanzig Einzelausstellungen gewidmet.

Lusya Stetskowytsch (@lusya.stetskovych, Illustration) ist eine in Lwiw lebende Kinderbuchillustratorin. Nach ihrem Masterabschluss in Grafikdesign an der Ukrainischen Druckakademie war sie als 2D-

Künstlerin für Spielehersteller und als Grafikerin tätig, bevor sie zur Illustration wechselte. Lusya arbeitet seit neun Jahren für Verlagshäuser und private Kunden.

Juliya Nesmejanowa wechselte nach einer langen Zeit in Animationsstudios in die Buchillustration. Sie liebt es, in ihren Illustrationen verschiedene Materialien zu kombinieren und Collagen zu erstellen. Sie glaubt, dass technische Fähigkeiten es Künstlern und Künstlerinnen ermöglichen, ihre kühnsten Fantasien zum Leben zu erwecken und eine Vielzahl unerwarteter Materialien in ihre Arbeit zu integrieren.

Kateryna Borysyuk wurde 1992 in der Ukraine geboren. Sie besitzt einen Master der Nationalen Akademie der Bildenden Künste und arbeitet derzeit als Kunstlehrerin und Buchillustratorin.

ÜBER DEN AUTOR UND DIE AUTORIN

Jaroslaw Hryzak ist ein ukrainischer Historiker und öffentlicher Intellektueller. Er ist Professor an der Ukrainischen Katholischen Universität und Honorarprofessor an der Nationalen Universität Kiew-Mohyla-Akademie. Professor Hryzak hat an der Columbia und an der Harvard University gelehrt und war Gastdozent an der Central European University in Budapest. Er ist Autor zahlreicher Geschichtsbücher, darunter mehrere Bestseller, und wurde mit vielen nationalen wie internationalen Preisen ausgezeichnet. Er hat Meinungsartikel für viele Publikationen, darunter *The Times*, *The New York Times* und das *Time Magazine*, geschrieben und lebt in Lwiw.

Nadijka Herbisch ist eine ukrainische Schriftstellerin, Übersetzerin und Menschenrechtsanwältin. Sie hat bislang neunzehn Bücher geschrieben, von denen viele zu Bestsellern wurden und zahlreiche Auszeichnungen erhielten. Mehrere ihrer Kinderbücher werden in ukrainischen Schulen unterrichtet. Sie wurden in Brailleschrift und als Hörbücher veröffentlicht, um für inklusive Bildungsprogramme benutzt zu werden. Sie arbeitet als Direktorin für internationale Literaturrechte für Europa und die nordischen Länder bei Riggins Rights Management und lebt im ukrainischen Ternopil.

DANK

Ich gehöre zu einer Gruppe ukrainischer Historiker, die glauben, dass ein Neudenken der ukrainischen Geschichte eine unabdingbare Voraussetzung für den Fortschritt der Ukraine darstellt. Je breiter der historische Kontext, desto besser, und der beste Kontext ist ein globaler. Eine Möglichkeit, die ukrainische Geschichte zu beleuchten, besteht darin, sich auf die Geschichte von Krieg und revolutionärer Gewalt zu konzentrieren. Die Ukraine war ein geopolitisch wichtiges Grenzgebiet, und die Ereignisse in der Ukraine zwischen 1914 und 1945 hatten Auswirkungen auf globale Entwicklungen – wie auch der gegenwärtige russisch-ukrainische Krieg. In diesem Sinne habe ich eine Weltgeschichte der Ukraine verfasst, die diese Dimension der ukrainischen Geschichte abdeckt. Es gibt aber daneben einen anderen, friedlicheren und erfreulicheren Weg, die ukrainische Vergangenheit in einem weltumspannenden Kontext neu zu denken – indem man sich auf die Geschichte der ukrainischen Weihnacht konzentriert. Schließlich zählt Weihnachten zu den globalsten Ereignissen – wenn es nicht das globalste überhaupt ist. Dieses Buch ist mein erster Versuch, diese Verflechtungen zwischen der ukrainischen Geschichte und dem Rest der Welt zu erforschen, und es ist hoffentlich nicht mein letzter. Ich hätte diesen ersten Schritt jedoch kaum ohne die Ermutigung zweier Menschen gewagt: Olena Khirgii, die Verlegerin von Portalbooks, die dieses Buch als Erste veröffentlichte, und Nadijka Herbisch, meine Mitautorin. Ohne die beiden hätte es dieses Buch nie gegeben. Ich danke ihnen für ihre Unterstützung und Hilfe und dafür, für die besten Abschnitte dieses Buches verantwortlich zu sein!

Jaroslaw Hryzak

Meine ersten Erinnerungen an Weihnachten beginnen bei meinem Großvater. Weihnachten war sein Lieblingsfest, und es ließ seine freundlichen, traurigen Augen vor jungenhafter Freude funkeln. Er erinnerte mich immer daran, dass ich den *Makohin* nicht ablecken solle, wollte ich verhindern, dass mein zukünftiger Ehemann eine Glatze bekommt. Doch tat ich genau das Gegenteil, direkt vor ihm und mit trotzigem Blick. Ich wusste, dass er mich dafür bewunderte. Er, der aus einer Familie kam, die dem Kommunismus in vielerlei Hinsichten widerstand, ermutigte in mir jede Form von Ungehorsam und Schalk, und nannte sie »Freiheit«. Ich habe immer noch ein Kindheitsfoto von mir auf Großpapas Schoß, ich mit einem hölzernen *Makohin* in Händen und er mit Augen voller Lachen. Er starb vor mehr als zwanzig Jahren, doch bis heute sind in mir die Erinnerungen an ihn und die Weihnachtsfreuden lebendig, die er in mir als Kind entfachte.

Als Olena Khirgii, eine der Gründerinnen von Portalbooks, mich einlud, zusammen mit der ukrainischen Rock- (a.k.a. Historiker-) legende Jaroslaw Hryzak ein Buch über Weihnachten zu schreiben, musste ich nicht lange überlegen. Weihnachten hält immer Geschenke bereit, und die Freundschaft, die aus meiner Mitautorenschaft entstand, ist ein Geschenk, das ich ein Leben lang in Ehren halten werde.

Als unser Land von diesem brutalen Krieg heimgesucht wurde, gab es eines, das uns nicht aufgeben, sondern kämpfen und an den Sieg glauben ließ: der Geist der Freiheit und des Widerstands, der in den Häusern und an den Tischen ukrainischer Familien genährt wird – Familien, die sich dafür entschieden haben, Weihnachten zu feiern, ein Fest, das vom bösen sowjetischen Regime verboten worden war. Ohne den Mut und die Opferbereitschaft der ukrainischen Soldaten und Freiwilligen würde ich diesen Text heute nicht bei mir zu Hause in der Ukraine schreiben. Und es wäre nicht möglich, unseren Kampf ohne die große Unterstützung unserer Verbündeten fortzuführen.

Catherine Burke, die Verlegerin von Little, Brown and Company, war die Person, die entschied, dass die Ukraine nicht nur in westlichen Verlagen, sondern auch in westlichen Buchhandlungen und Bibliotheken wahrgenommen werden muss. Ich bin Cath äußerst dankbar für all ihre harte Arbeit und aufrichtige Unterstützung. Ich habe einige ihrer Briefe beantwortet, während die Luftschutzsirenen aufheulten, und dachte, dass dank dieses sichtbaren gemeinsamen Widerstands gegen die laufende russische Invasion unser gegenwärtiges Leiden nicht umsonst ist und dass es selbst inmitten der größten Krise Hoffnung gibt.

Von Herzen danke ich der Lektorin Helen Brocklehurst, der die englische Fassung dieses Buches seine Eleganz verdankt. Sie war es, die mit nachdenklichen Fragen, freundlicher Inspiration und Humor alle ungelösten Rätsel löste.

Marta Gosowska und Anastasia Fehér aus der Ukraine wirkten ein Weihnachtswunder, als sie an den heißesten Sommertagen den Text mit unglaublicher Geschwindigkeit übersetzten.

Die Umschlagkünstlerin Olena Starantschuk ergänzte den Umschlag mit einer Kerze und einer Weizenähre – zwei Symbole, die sowohl von Weihnachtstraditionen als auch von der neueren Geschichte der Ukraine erzählen: von den Kerzen, die in Erinnerung an ermordete Ukrainerinnen und Ukrainer entzündet werden, und vom Weizen, den die russische Armee verbrannt, bombardiert und gestohlen hat.

Ich danke dem fachkundigen Team von Sphere, das an diesem Titel mitgearbeitet hat, insbesondere Sian Rance, Sarah Kennedy und Abby Marschall. Allen unseren Lesern, die nicht gleichgültig bleiben. Den Menschen der Ukraine, die sich dafür entschieden haben, nicht aufzugeben – selbst jetzt, da die Gegenwart schmerzhaft ist und die Zukunft ungewiss. Zu ihnen zählen auch meine Großmutter und meine Schwiegermutter, die mir beigebracht haben, verschiedene Arten von *Kutia* zu kochen. Und meine Mutter, die Weihnachten in den letzten fünfzehn Jahren meist mit Waisenkindern und alleinerziehenden Müttern in Kenia gefeiert hat, und diesen beigebracht hat, wunderschöne ukrainische *Koljadky* zu singen. Der größte Dank gilt meinem Ehemann Igor und meiner Tochter Bogdana, in deren Gesellschaft selbst das einfachste Essen an Weihnachten erinnert.

Nadijka Herbisch